障害のある人びとの学びをどのようにデザインするか

Design

EBITA DAIGORO
海老田大五朗 /編著

楠見友輔　横山草介　久保田裕斗
引地達也　松浦加奈子　呉文慧

学文社

はしがき

Covid-19（新型コロナウイルス）の感染が拡大していった状況は、フィールドワークを難しくさせた。あるいは不可能にしたといってもよい。編者自身、そこまでフィールドワーカーというアイデンティティはないものの、それでも「フィールドワークをせずに論文を書くということは難しい」と思うくらいには、研究における重要な調査方法としてフィールドワークを位置づけている。実際、本書のもととなる研究は、「学びの作業所」「福祉型専攻科」と呼ばれるような、日本全国にある特別支援学校卒業後の学びの場を訪ね歩くこと、つまりフィールドワークをベースに構想されていた。二〇一八から二〇一九年ころの話である。可能なかぎりこうした事業所の集まる会合には顔を出し、幸運なことに研究費も獲得し、いよいよ全国を歩き回ろうと思っていた矢先、歴史的な感染症拡大が生じたのである。

フィールドワークの実施が難しくなったとき、フィールドワークをベースに研究を組み立てる研究者ができることは限られている。編者は数少ない選択肢のうち、これまであまり親しんでこなかった学問を勉強することを選択した。感染症がいくら拡大しても本を読むことはできるし、オンラインで講義を受けたり、研究仲間と研究相談をすることはできる。編者がこの期間に集中的に学んだことは、ハイデガー現象学とアクターネットワークセオリーについてである。不幸中の幸いとはこのことであるが、前者については哲学者によるハイデガーの主著『存在と時間』についての講義を受ける機会に恵まれ、また初学者が読むようなハイデガーについての良書の出版が続いた。後者については、アクターネットワークセオリーについての入門書や重要文献の邦訳出版が、二〇二〇年前後に相次いだ。

なぜ編者がハイデガー現象学とアクターネットワークセオリーに着目したのか。それは本書のテーマに通じることだが、観察されたモノや技術や道具などの記述を、より的確に遂行したかったからである。ではなぜ「観察されたモノや技術や道具などの記述をより的確なものにしたい」と考えるようになったのか。これは編者のこれまでの研究生活（『柔道整復の社会学的記述』『デザインから考える障害者福祉』などを参照のこと）の中で、モノや技術や道具などを記述することの重要性に気づきつつも（モノや技術や道具を使用しない医療行為や就労支援は可能だろうか?）、その記述を基礎づけるような議論が編者自身の中で不足しているという自覚があったためである。

さて、こうした理論的な勉強にいきついた事情については触れることができたが、その成果については本書を参照いただくとして、編者自身のフィールドワークの不足をどのように補うのかという問題は残されたままである。そこで編者が選択した方法が、これまでたくさんのフィールドワークをしてきた研究者たちに協力を仰ぐということだ。それもただフィールドワーク経験が豊富だというだけでは、候補者が多すぎて逆に研究協力を要請することができない。編者自身は障害者福祉（就労支援）

や障害者雇用というフィールドにはそれなりに通っているという自負がある一方で、特別支援教育というフィールドにそれほど馴染みがない。そのため、特別支援教育というフィールドに精通しており、かつ採用している研究方法が編者と近いというフィルターをかけ、そこを通過した研究者たちに協力を要請したのである。もちろん、このような手段をとったとしてもなお、編者自身のフィールドワーク不足を補うことは難しいのかもしれない。しかしながら、このような経緯で出来上がったのが本書で、編者自身のフィールドワーク不足を補うことができているかどうかは、ひとまず読者の判断に委ねるほかない。

本書は、三部構成になっている。第1部「個人の能力に還元しない学びとは」では、とりわけ現在の特別支援教育の陥穽を導いてしまう道筋を点検している。ある種の困難をかかえる子どもたちへの教育を考えるとき、学びを個人の能力に還元して評価するという構えと、障害をその人個人のものとする「障害の個人モデル」は、同じコインの表と裏である。その人に能力が身につかないのであればその人個人の問題であるとされるだろうし、なんらかの困難があるのであればその人個人に問題があるとされるだろう。このような陥穽へ導かれないためには、特別支援教育をどのようにとらえていく必要があるのだろうか。第2部「実践の記述について」では、医療的ケアが必要な人の授業参加や学びを可能にするデザイン、複数の事業所をつなぐ遠隔授業のデザイン、知的障害や発達障害がある人びとの学びとそれを可能にする地域とのつながりのデザイン、グレーゾーンといわれる人びとのキャリア支援デザインなどが記述される。このような学びの形態に興味関心がある人であれば、これらの実践の記述から何らかの示唆を得られるはずである。第3部「研究方法論の検討」では、実践の記述を基礎づけるような理論的検討が、8章は現象学・ポスト現象学の観点から、9章ではエスノメソドロジー研究を敷衍するような観点からなされる。少しだけ注意が必要なのは、第2部の筆者たちが第3部でなされるような議論のすべてに同意しているわけではないという点である。ここでは、第2部の筆者たちの記述方法の共通項を取り出しているというよりも、あくまで「障害のある人びととの学びに埋め込まれているデザイン、あるいはモノや道具を、どのような方法論を用いることで適切に記述できるようになるのか」を検討しているのである。別な言い方をするならば、第3部は、社会啓発運動のためというよりも、これから障害ある人びととの学びを記述したいと考えている研究者たちを触発するために書かれている。

本書が、障害ある人びとや、その学びを支える人びと、あるいはそうした学びをこれから研究する人びとをエンカレッジするものであれば、編者としてこの上ない喜びである。

二〇二五年　二月吉日

編　者

目次

序章　本書では何を明らかにしたいのか……海老田大五朗　1

Ⅰ．特別支援教育における二つの方法論　1

Ⅱ．本書の目的　3

Ⅲ．本研究に至るまでの社会的背景と本書で取り組むべき学術的「問い」　6

Ⅳ．本書の想定読者　9

第１部　個人の能力に還元しない学びとは

第１章　インクルーシブ教育のためのつながりの支援：反－個人主義の教育理論と実践に向けて……楠見友輔　17

Ⅰ．個人主義の問題を示す事例　18

Ⅱ．現代社会と教育　19

Ⅲ．学校教育に浸透する個人主義　26

Ⅳ．反－個人主義的アプローチの意義　31

Ⅴ．インクルージョンと反‐個人主義的アプローチの実践　34
Ⅵ．つながりの支援　39

第2章　関係的営みとしての自立／自律
——言説としての「依存から自立／自律へ」の限界——……横山草介　45
Ⅰ．本章の目的　45
Ⅱ．物語のフィールド　47
Ⅲ．教室の内側に響く個人能力としての自立／自律　49
Ⅳ．個人能力としての自立／自律から関係的営みとしての自立／自律へ　55
Ⅴ．関係的営みとしての自立／自律の地平　61
Ⅵ．自立／自律観の刷新に向けて　66

第2部　実践の記述について

第3章　モノや道具を介した医療的ケア児の学級参加……久保田裕斗　73
Ⅰ．包摂実践と道具使用の不可分性　73
Ⅱ．調査の概要　74

Ⅲ．林間学校での「道のり」 77
Ⅳ．コミュニケーションチャンネルとしての医療器具 79
Ⅴ．道具の共通（不）使用とメンバーシップの確保 87
Ⅵ．「住まう場」としての学校空間 94

第4章 医療的ケアの必要な重度障がい者の学びのデザイン……………引地達也・海老田大五朗 101

Ⅰ．問題の所在と本章の課題 101
Ⅱ．重度障がい者の定義 102
Ⅲ．社会的な位置づけ 108
Ⅳ．オンラインでつながる講義の実践 111
Ⅴ．コロナ禍を受けての変化―当事者に起こった変化 115
Ⅵ．「誰一人取り残さない」社会への道筋 123

第5章 Zoomなどを利用して複数の事業所をつなぐ遠隔授業…………引地達也・海老田大五朗 131

Ⅰ．本章の目的 131
Ⅱ．対象と方法 133
Ⅲ．調査結果 ―メディア教育の可能性― 137

Ⅳ. 考　察　143
Ⅴ. 結　論　148

第6章　木材の端材を使用した芸術作品の制作：塔／灯をつくる……海老田大五朗　155
Ⅰ. 本章の目的　156
Ⅱ. アクターネットワークセオリーについて　157
Ⅲ. 灯／塔（とう）が作られた場所と授業の概要　161
Ⅳ. 授業の設計　162
Ⅴ. プロジェクトの中に何がデザインされているのか　166
Ⅵ. 制作する者のカテゴリーと芸術性の高まり　171

第7章　相互行為の中の「理解」の達成に向けた学びのデザイン
――Y専門学校のキャリアデザイン科を事例として――……松浦加奈子　177
Ⅰ. 本章の研究対象　177
Ⅱ. 教材（道具）を用いた実践を記述すること　179
Ⅲ. 授業の概要　181
Ⅳ. 分　析　182

Ⅴ．本章で明らかにしたこと　200

第3部　研究方法論の検討

第8章　現象学／ポスト現象学と特別支援教育……呉文慧　209
Ⅰ．本章の目的　209
Ⅱ．意思疎通困難な他者　210
Ⅲ．意思疎通困難な他者の現象学　212
Ⅳ．意思疎通困難な他者と関わる実践者の現象学　214
Ⅴ．モノと実践――ポスト現象学へ　220
Ⅵ．小　括　231

第9章　エスノメソドロジーとハイデガー現象学……海老田大五朗　237
Ⅰ．問題の所在　237
Ⅱ．「教示と教示された行為」におけるハイデガーの位置づけ　240
Ⅲ．「教示と教示された行為」の項目と概要　241
Ⅳ．ハイデガーの現象学とガーフィンケルの違背実験　256

Ⅴ. 小　括　257

終章　本書はどのようなつながりのもとで生まれたか……………………海老田大五朗　265

Ⅰ. 新潟から大阪へ飛ぶ　265
Ⅱ. 執筆者たちとの出会い　266
Ⅲ. つながりと触発　272

序章
本書では何を明らかにしたいのか

海老田大五朗

Ⅰ．特別支援教育における二つの方法論

二〇二四年一〇月一九、二〇日に開催された、日本質的心理学会第二一回大会の大会テーマは「あむ、あまれる、あみなおす」と掲げられ、従来の心理学の「人間の主体性を個人に閉じたものとして考え」る、閉じた見方への反省が促された。こうした提案に対して筆者たちはおおむね同意する一方で、問われてしかるべきは、人びとの「あむ、あまれる、あみなおす」を明らかにする研究方法論ではないだろうかと考え、筆者たちは「特別支援教育を『あみなおす』ための方法論 ～学びの実践×ニューマテリアリズム×現象学～」というタイトルの学会員主催のシンポジウムを立案企画し、実際に開催した。私たちはどのような研究方法によって、「あむ、あまれる、あみなおす」実践を明らかにすることができるのか。さらにいえば、「どのように『あむ、あまれる、あみなおす』のか」とい

う実践方法論上の問いは、研究者の問いである以前に、実践にかかわる人びとたちの問いでもある。つまり、ここで方法論と呼ばれるものは、大別すると研究方法論と教育実践上の方法論の二つ[i]ある。シンポジウムでは、研究対象領域を特別支援教育的な実践に絞り、学びの実践を報告しつつ、研究方法論についての主張をぶつけ合うことで、学びをあむ、学びがあまれる、学びをあみなおす実践の方法論を記述し、これらのことを明らかにするための研究方法論を提案することを目的とした。まずは、特別支援教育についての研究方法論の提示を試みた[ii]のである。

このシンポジウムの報告目的は、別な言い方をするならば、「実践の報告に対する興奮を縮減しないような研究方法論とはどのような方法論か」と再定式化できたかもしれない。これは次のような事態を意味する。たとえば私たちは、ある特別支援教育的な学びの実践報告を聞いたとする。この報告がまさに現実に即した生々しい具体性を帯びたもので、新規性もあり、子どもたちにこの方法で学びを提供したいと思えるようなものだったとしよう。だが、こうした実践報告はそのまますなわち研究報告とは見なされないことが多い。分析や考察がなく、場合によっては統計処理などによる一般化された知見も提示されないからである。したがってこうした実践報告をもとに論文にまとめたが、論文にまとめたとたんにつまらない、魅力のない記述になってしまうという事態である。これは研究者であればしばしば目にする光景ではないだろうか。こうした実践報告が論文化されてしまった途端に魅力や興奮が縮減してしまうような事態は、回避することができないのだろうか。論文化や研究である以上、それは避けることができない事態なのだろうか。本書の一部はこうした問いのもとで書かれている。

Ⅱ. 本書の目的

本書では、特別支援教育や中等教育卒業後の学びにおいて要請される、ある種の障害や特性がある人びとの学習実践に必要とされる「学びのデザイン」の提示と、それを精査するための研究方法論の精緻化を探究する。とりわけ研究対象として、何らかの教授法は誰が対象であったとしても、つねにデザインされる[iii]わけだが、とりわけ特別支援教育およびその周辺、あるいはその延長上の学びにおいて、学びはどのようにデザインされ、実践されているのかに着目する。

本書で特に注目することは、次の四点にまとめることができる。

① 個人の能力に還元しない学びの探究
② 教えこみではない学習の探究
③ 学習としては周辺的なものと見なされてきたものへの注目
④ これらを明らかにするための研究方法論の探究と提示

本書ではこの①〜③を可能にする研究方法として、特に質的な研究方法にこだわっている（右記④）。このこだわりは、特別支援教育およびその延長上、あるいは周辺の教育の特性が、つねにある種の「個別化」を志向することに由来する。この場合の「個別化」とは、学習する人びと一人ひとりを重視し、「主体的な自己学習力の育成」のみならず「学習活動の経験化・生活化」を強調するような教育実践のことであり、「個の中に伸ばすべき特性あるいは個性があり、この特性あるいは個性を育成することこそ指導の目的である」という「学習の個性化」を達成する手段となるような方法概念である（加藤・高浦　一九九二、鹿毛　二〇二二）。また、個別化は学習者の孤立化を意味しない。むしろ特別支援教育に必要なのは学習を個別化しつつ、学習者を孤立化させないようなデザイン(iv)である（詳しくは1章を参照のこと）。ある種の「個別化」された学びに教育の効果測定や評価の一般性を求めるのは奇妙なことでもある。実際に「個別化」された学びに内在する論理やデザインにこそ探究するべきものがあるはずである。さらにいえば、この場合の「個別化」とは、文部科学省などがあらかじめ用意するカリキュラムへ適応するというよりむしろ、学ぶ人本人が最も適切に学べるように学習環境などを「個別化」するという意味である。

あるいは次のように言い換えることも可能かもしれない。障害者差別解消法や障害者総合支援法についての議論を待つまでもなく、この国の障害についての考え方は、「個人モデル」「医療モデル」から「社会モデル」(v)（Oliver, 1990=2006, 1996）へ大きく転換している。あるいはすでに「社会モデル」

そのもののブラシュアップ、バージョンアップが迫られている（榊原　二〇一九、飯野・星加・西倉　二〇二二、松波　二〇二四など）。いずれにせよ、障害の社会モデルというものがこれだけこの国でも定着してきたにもかかわらず、特別支援教育界隈においては、教育という個人の能力を伸ばすための活動という特徴もあってか、個人の能力の発達や成長を測定するような研究方法が、まだまだ学術研究としては主流であるように思われる。

本研究は、特別支援教育や「学びの場」(vi)における英会話・国語・数学などの一般教養や各種情報ツールの使い方、医療的ケアを常に必要とする人の学び、運動や調理や美術などの実技修得場面へ参与観察したり、実践者たちにインタビューすることで、特別支援教育および「学びの場」がどのようにデザインされているかを記述する。本書では、質的研究のなかでも（ポスト）現象学、状況論、アクターネットワークセオリー、エスノメソドロジーなどに触発された論文集である。そのなかでも、「道具やモノの使用とデザイン」「人間とモノのインタラクション」「学びの場の空間のデザイン」「メディア」といった、これまで人間中心主義的な研究枠組みでは積極的に注目されてこなかった研究対象へ、アクセス可能な研究方法を採用する。ただし、だからといって本論集は、脱人間中心主義的研究だという主張をしたいわけではない。そもそも、人間中心主義／脱人間中心主義という二分法に大きな意味はないだろう。ここでは単に、これまでの研究であまり注目されてこなかった領域や研究方法を名指すのに、この二分法が少々便利だというくらいの話である。最終的には、障害児・者に提示された学習実践に必要とされる方法論やデザインの明確化と、それを精査するための研究方法論の精緻化を目的とする。

Ⅲ．本研究に至るまでの社会的背景と本書で取り組むべき学術的「問い」

本研究に至った経緯についても触れておこう。本研究は特別支援教育そのものというよりも、特別支援教育後の教育に想いを馳せたところから始まっている。この研究を構想していた二〇一八年当時、日本の知的障害児の後期中等教育（特別支援学校高等部）卒業後の進学率（約一・九％）は、普通科等高等学校卒業者の進学率（約八〇％）と比較してきわめて低かった。特に知的障害児の進学率は〇・四％と、他種の障害児と比べても著しく低い。知的障害児の卒業者数が他の障害児数と比べても圧倒的に多いのに対して、この進学率の低さは特徴的といえる。知的障害児は特別支援学校高等部卒業後の進路として、就職者や社会福祉施設等への入所・通所者が九四・一％を占めている。[vii]他方で、知的障害児への教育の見直しを迫る動きが日本各地で見られるようになった。[viii]特別支援学校の評価指標として一般企業への就職率が重視されるようになり、結果として特別支援学校の職業訓練校化が進み、従来の読み書きを支える能力を培うような教育が後景化するようになったといわれている。知的障害者への「学校から社会へ」「子どもから大人へ」という移行期の教育機会の欠如は、健全な発育という観点からも学ぶ権利の機会均等の観点からも、たしかに望ましくはない。

そこで、後期中等教育卒業後の学びの機会を確保すること、日常生活や就業時に必要とされる教養を養うことを目的とした「学びの場」が日本全国で立ち上がりつつある。「学びの場」といっても教育制度ではなく障害者支援制度に依拠しており、呼称は統一されておらず（丸山 二〇一五）、「学びの作業所」「福祉型専攻科」「福祉型大学カレッジ」などの呼称が存在している（伊藤 二〇一五）。一般に福祉制度を使用して実践される「学びの場」とは、社会福祉法人や株式会社などの事業所が、障害者総合支援法に基づく自立訓練（生活訓練）事業を活用し、特別支援学校高等部の卒業生らのために学習環境を整えた場所のことである。生徒（学生）は、コミュニケーションに関する教養、運動や調理、美術などを学ぶ。

「学びの場」についての公式統計は存在しないが、現在は全国に八〇事業所程度あるといわれている。そのなかで、鳥取大学附属養護学校（二〇〇七年度〜鳥取大学附属特別支援学校）専攻科は、全国に一校しかない国立大学付属特別支援学校の専攻科である。併任校長として専攻科の開設準備に携わった経験をもつ渡部（二〇〇七）によると、専攻科の役割を「職業（準備）教育にとどまらず、専攻科の教育が果たすトランジッション保障ないし移行支援の機能」にかねてより着目してきた。渡部は校長として「専攻科生は、生徒ではなくカレッジ生だ」という意識をもつような教育方針を示し、教育課程を「くらし」「労働」「余暇」「教養講座」「研究ゼミ」の五領域により編成している（牧野 二〇一六）。

文部科学省は、この専攻科に対して学習指導要領を定めるといったことはしていない。すなわち教育課程の内容は、各専攻科を設置する学校及び運営法人の裁量によって自由に定められるということである。

実践報告など、執筆者たちの実践に即したモノグラフ（岡本・河南・渡部 二〇一三など）は多くある。しかしながら、「学びの場」についての研究蓄積（たとえば渡部 二〇〇七、牧野 二〇一六）は、まだ少ない。しかもほとんどの先行研究の内実は、社会運動的な障害児の進路についての学ぶ機会の権利擁護的主張や、職業訓練校化した現状の特別支援教育批判である。「学びの場づくり」を主導する一部の研究者たちが職業訓練的学びを否定することは、たいへん残念なことであるし、批判としても的を射ていない。職業訓練的な学びを安易に否定する人びとは、そもそもその人たちのもつ「学び」「学習」「教育」概念がたいへん脆弱であるように思われる。数学や国語のような主要教科を学ぶことでしか「学び」や「学習」が成立しないという考え方が、透けてみえてしまっている。さらには、実際の「学びの場」での教授内容が詳細に分析されてきたわけでもなければ、特別支援教育との連続性を検討するような建設的な研究がなされているわけでもない。

こうした学術的背景から導かれる本書で取り組むべき学術的「問い」の核心は、「後期中等教育（特別支援学校）からの学びそのものの連続性がある学びや、卒業後の『一般企業への就職』『福祉型就労への従事』『生きがいの発見』にも接続するような学びの場は、どのようにデザインされているのか」

ということになる。

Ⅳ．本書の想定読者

本書の想定読者は、教育にかかわるすべての人びとだが、そのなかでも三つの層に整理することができるだろう。

最初の層は、特別支援教育に直接かかわっている教育実践者たちである。たとえば特別支援教育の中に遠隔授業や木工を取り入れてみたい、調理実習を取り入れてみたい、特別支援学校卒業後の学びの場を提供したい、キャリア教育を取り入れてみたいといった特別支援教育の方法を日々検討するような人たちにとって、示唆的な知見を提示することが、本書の役割だと思っている。また、特別支援学校での学びと支援学校卒業後の学びの関係をどのように考えるか。特別支援学校で働いている人向けにも、特別支援学校の外側にいるが特別支援教育に関心がある人びと向けにも、本書がこの論点についての議論の叩き台になればよいと思っている。

二つ目の層は、特別支援教育の研究者たちである。この研究者には、大学教員のような研究職者にすでに就いている人たちはもちろんのこと、教職大学院などで学び直しをしている教職者から大学院生、教育実習などを経験した大学の学部三、四年生までも含まれている。授業実践や教授方法などを研究しようとするとき、必ずといってよいほどぶつかる壁が研究方法論ではないかと思われる。たとえば教職現場を経験して、自分の経験を研究に活かそうとしても、あるいは自分が研究したいと思った現象を研究しようとしても、採用したい研究方法論が見当たらない、あるいはその研究方法論では自分の研究したいことが研究できないといったジレンマを経験したことはないだろうか。本論集は、こうしたジレンマを経験した人びとにこそ読んでもらいたいと思っている。

三つ目の層は、特別支援教育といった領域を問わず、研究方法論そのものに関心がある研究者である。本論集は、研究方法論のなかでも、現象学、ポスト現象学、状況論、エスノメソドロジーといった方法論に関心のある研究者たちで組織されている。たとえば、教育関係のエスノメソドロジー研究書でいえば、近年の日本語で書かれた書籍だけでも、秋葉（二〇〇四）、鶴田（二〇一八）、鈴木（二〇二二）五十嵐・平本・森・團・齋藤（二〇二三）など多数あるわけだが、特別支援教育に注目した書籍は、右に挙げた鶴田（二〇一八）の研究を除けば、それほどあるわけではない。特別支援教育の現象学、ポスト現象学的研究となると、河野（二〇一五）のような概念整理的な書籍こそあるものの、特別支援教育の授業実践に踏み込むような記述は、本書執筆者である県のような論文を除けばほとんどない。これは特別支援教育にかぎった話ではないのだが、医療や福祉全般の領域では、これからたくさんのテクノロジー（特に教育ということであれば情報に関するテクノロジー）が雪崩のように学習の現場へ入り込んでいる。こうしたモノや道具の使用を伴う実践を記述するための方法を検討する必要があるだろう。こうした観点から研究方法について議論したい研究者にとって、本論集が嚆矢となることを願っている。

注

（ⅰ）簡潔にいえば、この二つを一致させる（実践上の方法論をそのまま受け取って記述する）研究方法論がエスノメソドロジーである。

（ⅱ）楠見（二〇二四）は、監査文化への抵抗から、アンラーニング（学びほぐし）という概念を駆使して、質的研究の型をほぐすことに挑戦している。

（ⅲ）ここでいうデザインとは障害者のワークを可能にするような「技術上のディテール」「機知や良識」「創意工夫」のことであり、当該障害者の抱える困難に配慮を示すようなかたちで実際の学びが可能になるような微調整やその組み立てのことである（詳しくは海老田　二〇二〇）。

（ⅳ）ところで筆者はもともとこのような意味で「最適化」という用語を使用していた。筆者はデザインを「最適化実践」と言い換える（海老田　二〇二〇）ことがあり、optimize の日本語訳として使用してきた。しかしながら教育学界隈では、この「最適化」という用語はセンシティブな用語だということが、執筆者の一人である楠見との議論の中で明らかになった。鹿毛（二〇二二）によれば「不安が高い学習にはプログラム学習、不安が低い学習者には発見学習」というように、各個人の特性に応じた教え方を提供することが合理的だという実践的示唆（最適化）が得られるというような、教授と評価の統合システムによるものを「最適化」と、教育学では呼んできている。しかしながら同じく鹿毛が指摘しているように、このような「最適化」という発想には、教育する側がアプリオリに設定する所与の目標を達成することこそが学習であるという発想が前提になっている。筆者自身はこのような前提をとらないため、また教育学系の読者に配慮するため、「最適化」という用語の使用を本書では控えることにした。

（v）本論集では、障害の「社会モデル」の観点から「障害」の表記を採用する。この点については荒井（二〇二〇：七九）が述べているように、「社会モデル」の観点からいえば、障害者とは「改善されるべき社会構造が障害となって社会参加を阻まれている人たち」「そうした障害に直面している人たち」という意味になる。つまり障害の害とは被害を受けているという意味の害である。このような意味で用いるため、「害」を平仮名にすることは「被害がない」という意味になってしまう。あるいは、さまざまな社会構造の有害さを無害化することに加担してしまう。そのため、「社会モデル」を採用するかぎり、障害は社会構造の側から受ける「害」であることを示すため、漢字表記をする。これは「社会モデル」を採用する研究者のなかでは、ある程度コンセンサスがとれている見解ではないかと思われる。ただし、4章は例外である。理由は後述する。

（vi）「学びの場」については、詳しくは後述する。

（vii）文部科学省．特別支援教育について．〈https://www.mext.go.jp/a_menu/shotou/tokubetu/main/__icsFiles/afieldfile/2015/10/06/1243505_002.pdf〉．二〇二〇年六月二八日。

（viii）この問題に早くから着目してきた研究として、津田（二〇〇六）などが挙げられる。

参考文献

秋葉昌樹、二〇〇四、『教育の臨床エスノメソドロジー研究：保健室の構造・機能・意味』東洋館出版社．

荒井裕樹、二〇二〇、『障害者差別を問いなおす』筑摩書房．

飯野由里子・星加良司・西倉実季、二〇二二、『「社会」を扱う新たなモード』生活書院．

五十嵐素子・平本毅・森一平・團康晃・齊藤和貴 編著、二〇二三『学びをみとる―エスノメソドロジー・会話分析による授業の分析』新曜社．

伊藤修毅、二〇一五、「自立訓練（生活訓練）事業の教育的機能に関する一考察」『立命館産業社会論集』五一（二）：一七七―一九二．

海老田大五朗、二〇二〇、『デザインから考える障害者福祉』ラグーナ出版．

岡本正・河南勝・渡部昭男、二〇一三『福祉事業型「専攻科」エコールＫＯＢＥの挑戦』クリエイツかもがわ
鹿毛雅治、二〇〇二、「『個別最適な学び』を問う：『個』の独自性（固有名）を大切にする教育実践へ」日本教育方法学会編『教師の自律性と教育方法：教育のデジタル化・協働的な学び・個別最適な学びを解剖する』図書文化．

加藤幸次・高浦勝義（監）一九九二『個性化教育実践ハンドブック』学陽書房．

楠見友輔、二〇二四、『アンラーニング質的研究：表象の危機と生成変化』新曜社．

河野哲也、二〇一五、『現象学的身体論と特別支援教育：インクルーシブ社会の哲学的探究』北大路書房．

榊原賢二郎 編著、二〇一九、『障害社会学という視座：社会モデルから社会学的反省へ』新曜社．

障がい者制度改革推進会議、二〇一〇、「『障害』の表記に関する検討結果について」内閣府．

鈴木雅博、二〇二二、『学校組織の解剖学：実践のなかの制度と文化』勁草書房．

津田英二、二〇〇六、『知的障害のある成人の学習支援論：成人学習論と障害学の出会い』学文社．

鶴田真紀、二〇一八、『発達障害の教育社会学：教育実践の相互行為研究』ハーベスト社．

牧野誠一、二〇一六、「知的障害者の高等支援学校卒業後における学びの場の保障」『札幌学院大学人文学

会紀要』九九：一一一―一二九．
松波めぐみ、二〇二四、『「社会モデルで考える」ためのレッスン』生活書院．
丸山啓史、二〇一五、「知的障害のある青年の『学びの場』としての自立訓練事業の役割」『京都教育大学教育実践研究紀要』一五：一八一―一九〇．
渡部昭男、二〇〇七、「鳥取大学附属養護学校の高等部専攻科における教育：二〇〇六年度における『教養講座』の実践」『地域学論集　鳥取大学地域学部紀要』四（一）：二五―四六．
Oliver, Michael, 1990, *The politics of disablement.* Macmillan.（＝二〇〇六、三島亜紀子・山岸倫子・山森亮・横須賀俊司（訳）『障害の政治』明石書店．）
Oliver, Michael, 1996, *Understanding disability : from theory to practice.* Basingstoke, Macmillan.

第1部

個人の能力に還元しない学びとは

第1章 インクルーシブ教育のためのつながりの支援：反‐個人主義の教育理論と実践に向けて

楠見友輔

本章の目的は、現代社会における個人主義的学習観の問題を検討することにある。近年、学校教育においては、個々の子どもの特徴に合わせた教育の重要性が認識され、特別支援教育の普及によってニーズに応じた教育も広がりつつある。このような教育が個性を尊重するためになされるのであれば、子どもの学習に肯定的な影響があるだろう。しかし、「個」という視点は、その背後にある教育理論によっては学びを孤立的なものへと導くことで、子どもの学習に否定的な影響を及ぼす危険性を持っている。本章では、個人主義的な教育観がもたらす課題を批判的に再検討し、教育理論の再考を通じて、つながりの支援の意義と、協働的な学びの重要性を再確認する。

I. 個人主義の問題を示す事例

始めに、ある小学校四年生の算数の授業の一場面を紹介する。この授業では「わり算の筆算」がテーマとなっており、子どもたちはグループに分かれて課題に取り組んでいた。教師は、四桁の数を一桁の数で割る筆算の一部を□で空欄にしたプリントを各児童に配布し、グループで話し合うよう促した。私が観察していたグループには、九九を覚えていない児童がいたが、その児童はノートに貼られた九九表を活用して積極的に話し合いに参加し、「どこの□を最初に埋めるか」というアイディアを共有していた。このように、子どもたちがそれぞれの方法で協力し合う環境が整っており、異なる視点から学びを深める機会が展開されている様子に、私は感銘を受けた。

しかし、授業後の協議会で残念な発言があった。同じグループを見ていた参観者の一人が「四年生で九九ができないのは問題であり、知能検査を実施してその子が困難に陥る前に特別支援学級への転籍を検討すべきだ」という類の発言をした。

この発言者は、標準的な学習者像との差で子どもの学びを評価しており、さらに個人に固定的な能力や困難の原因のようなものが備わっていると考えているのだろうか。この発言が示すような、子どもの学習を到達度のような指標で測定する傾向は日本の学校教育で普及している。それと同時に、個々の子どもの個性や変化を捉える視点は希薄化しているように思われる。個人に注目した教育が個性をないがしろにしているのである。その背景には、「学習とは何か」についての問いが不在であることの問題がある。

II. 現代社会と教育

1. 日本の教育で生じている問題

日本の子どもの人口は一九七五年から五〇年連続で減少しており、二〇二四年には一一・三％で過去最低になっている（総務省統計局 二〇二四）。これに対し、特別な教育の場に在籍する児童生徒数は断続的に増加しており（**図1－1、図1－2**）、不登校児童生徒の増加も顕著である（**図1－3**）。特殊教育から特別支援教育への転換がなされた二〇〇七年から一五年以上経過したが、最近の一五年で知的障害特別支援学校在籍者数は小学部で約一・六一倍（二九、六三一名→四七、七七〇名）、中学部で約一・三七倍（二二、六三八名→三〇、九〇四名）となっている（**図1－1**）。小学校の特別支援学級では知的障害学級で約二・四一倍（四七、〇六二名→一一三、五七三名）、自閉症・情緒障害学級で約四・三八倍（三二、一三二名→一四〇、七二六名）、中学校の特別支援学級では知的障害学級で約二・〇一倍（二四、二〇二名→四八、六七一名）、自閉症・情緒障害学級で約四・六五倍（一一、五七〇名→五三、七五四名）となっている（**図1－2**）。最近では、自閉症・情緒障害学級の在籍者数が知的障害学級の在籍者

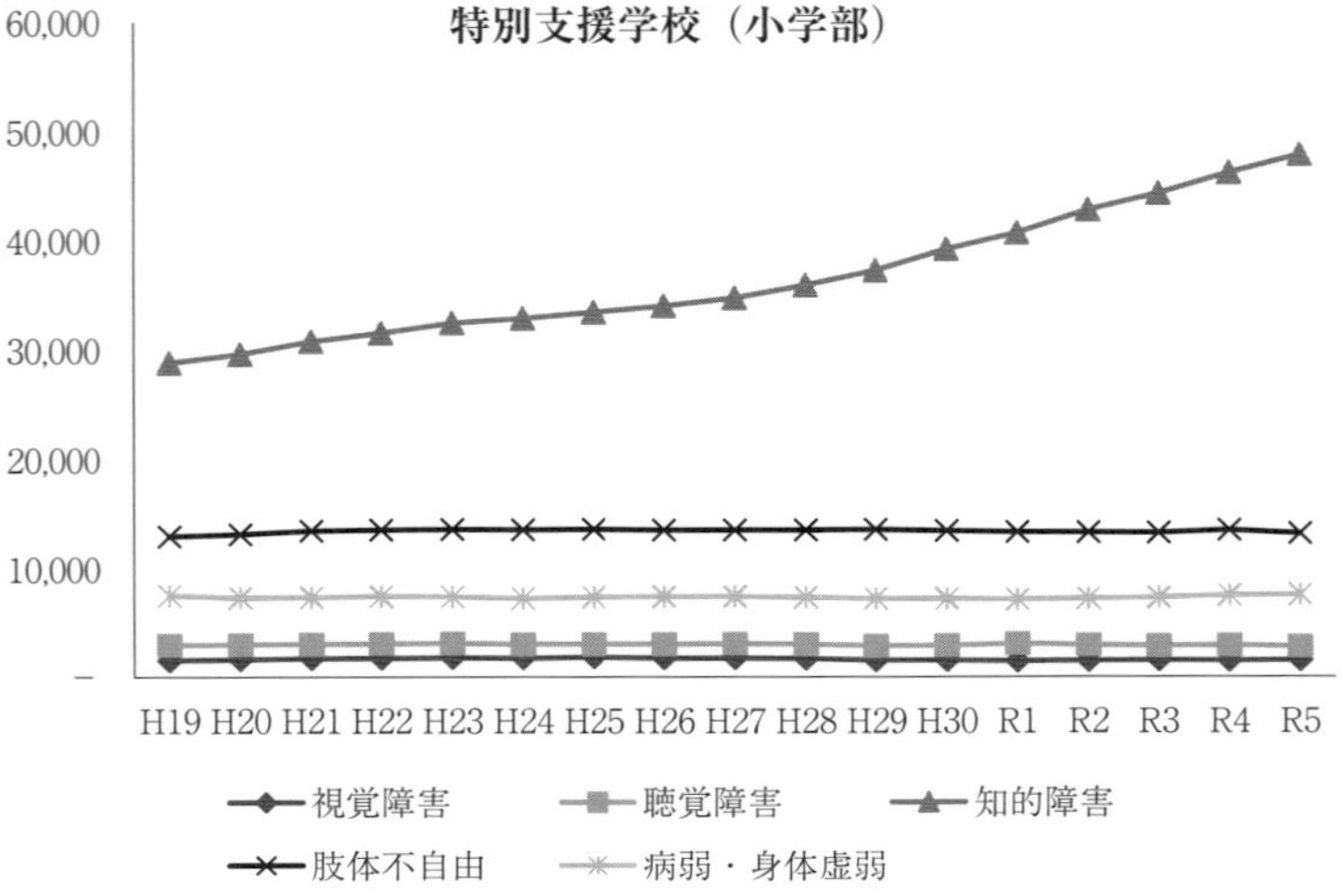

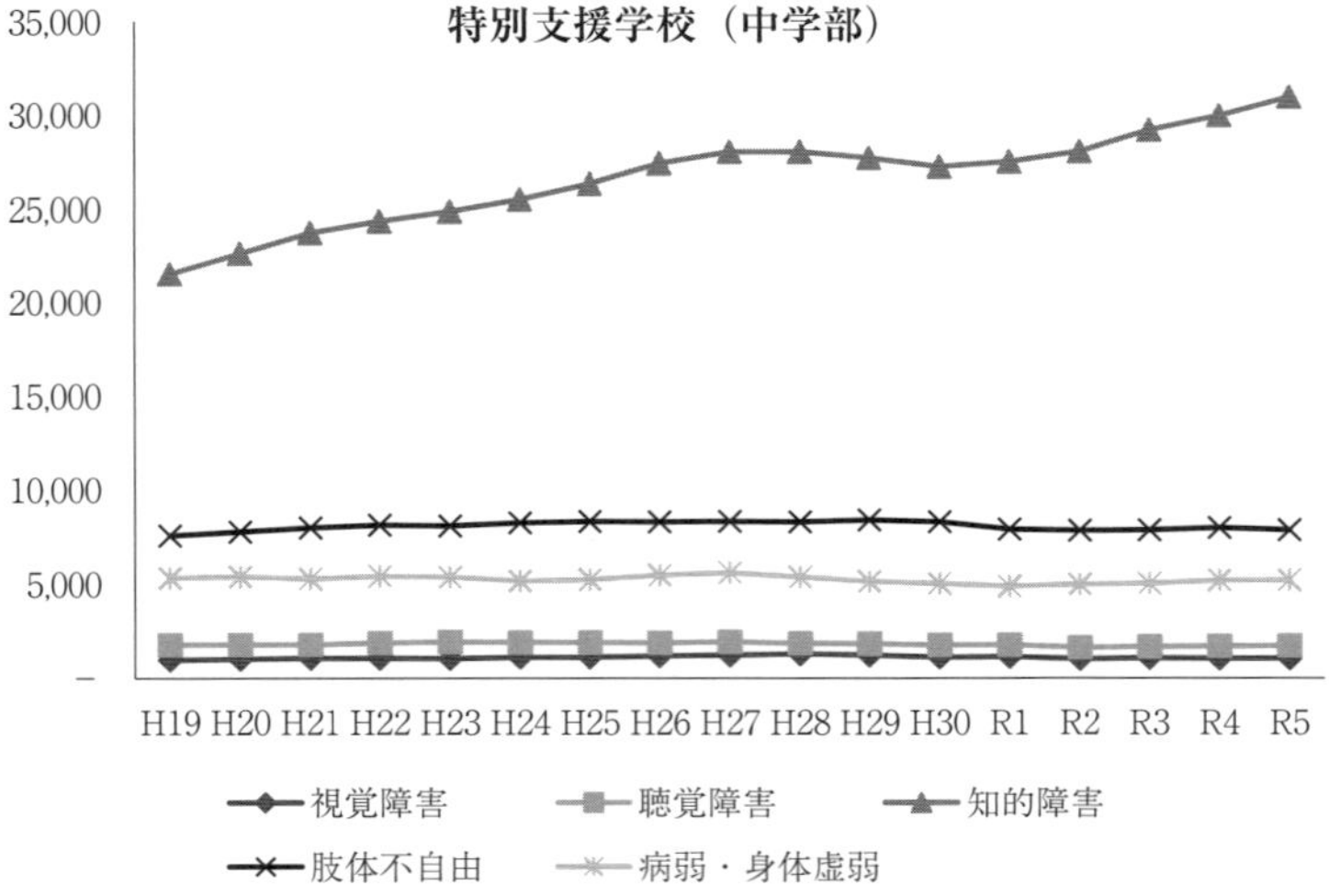

図1－1　特別支援学校（障害領域別）の在籍児童・生徒数の推移（H19年～R5年度）

出所）文部科学省「文部科学統計要覧」をもとに筆者が作成。国立、公立、私立特別支援学校在籍児童または生徒の総計。各数値は延べ数（視覚障害と知的障害の重複障害の場合は視覚障害1と知的障害1としてカウントされている）。

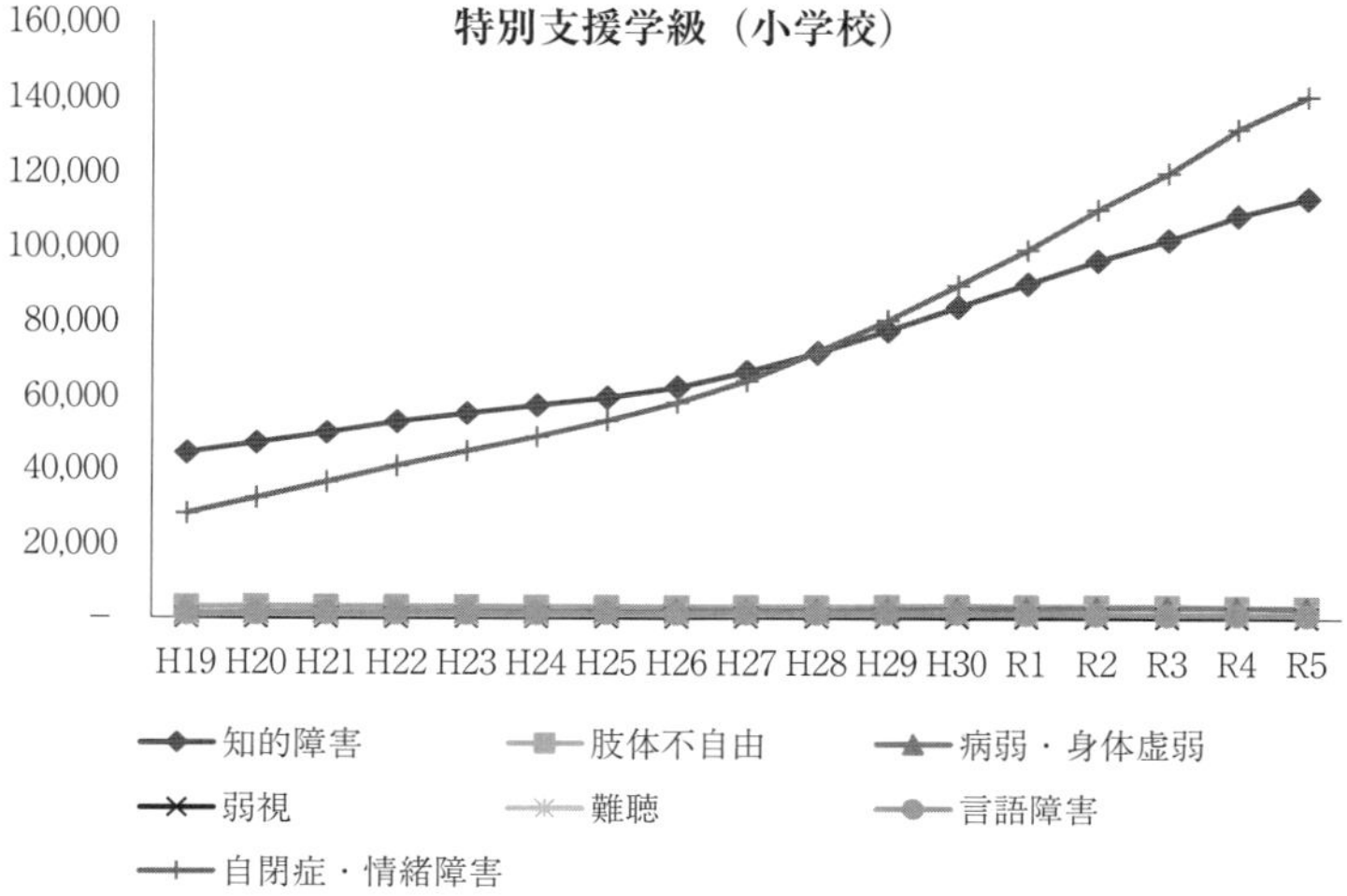

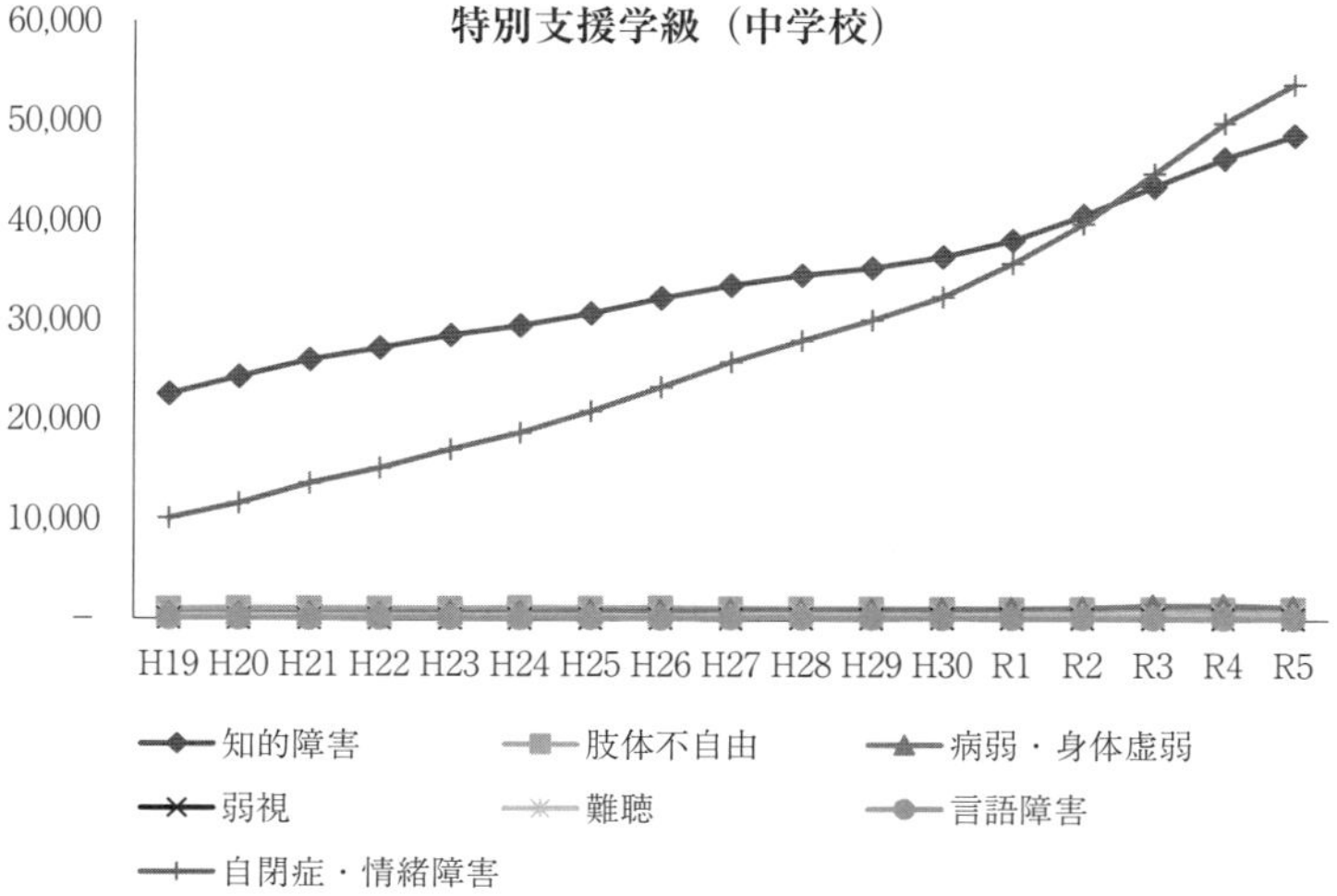

図1－2　特別支援学級（学級別）の在籍児童・生徒数の推移（H19年～R5年度）

出所）文部科学省「学校基本調査」をもとに筆者が作成。国立、公立、私立特別支援学校在籍児童または生徒の総計。H21年度以前の自閉症・情緒障害学級は情緒障害学級の数値。

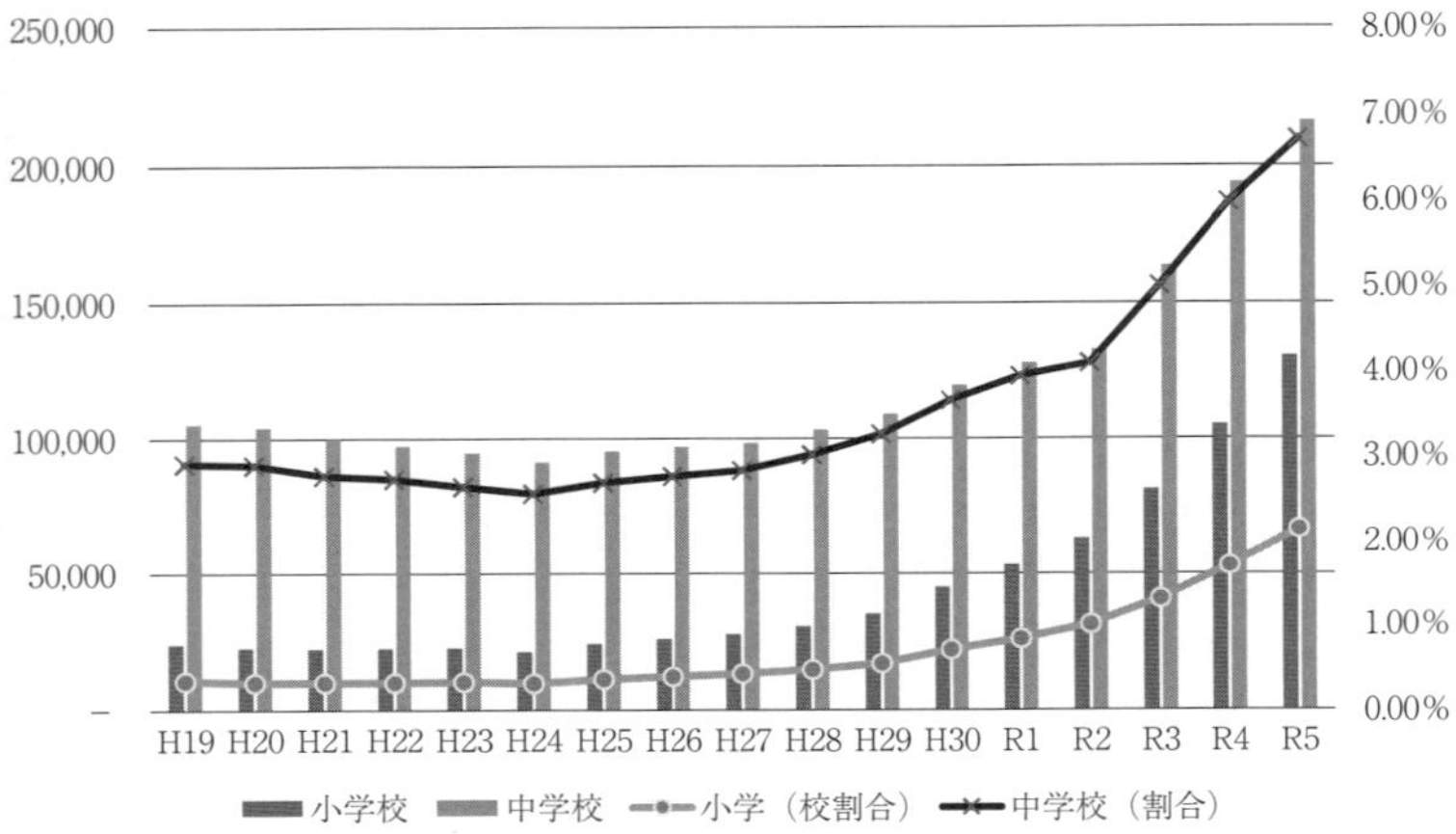

図1－3　小中学校在籍児童・生徒のうち不登校（年間30日以上欠席）者の人数と割合の推移（H19年～ R5年度）

出所）文部科学省「児童生徒の問題行動・不登校等生徒指導上の諸問題に関する調査」をもとに筆者が作成。

数を抜き（図1－2）、多くの小・中学校で二学級以上の自閉症・情緒障害特別支援学級が設置されるようになっている。

不登校については、小学校で約五・七六倍（二三、六五二名→一三〇、三七〇名）、中学校で約二・〇七倍（一〇四、一五三名→二一六、一一二名）となり、令和五年度の不登校者は小学校在籍者の二・一四％、中学校在籍者の六・七一％となっている。この傾向はとどまる様子が見られない。

少子化にもかかわらず通常学級で学ぶ子どもたちの数が減少しているという状況は、現在の日本の教育の行き詰まりを象徴する現象である。この状況を深刻に受け止める必要がある。

2. 現代社会の不確実性と教育

現代社会は、環境問題、経済のグローバル化、急速な技術革新による不安定化を特徴とする。社会学者ウルリッヒ・ベック（二〇一六＝二〇一七）は、このような状況を「世界リスク社会」と呼び、計画的に生きる近代主義の思考がもはや通用しなくなっていることを指摘している。

学校が社会と無関係に存在することは困難であり、現代社会との関係で学校のあり方を考えることは不可欠である。不確実性が高まる社会においては、変化に柔軟に対応する力が一層重要視されている。たとえば、現在は「第四次産業革命」として人びとの生活が劇的に変容しつつあり、産業構造や社会構造の変化によってもたらされる「Society5.0」「超スマート社会」がもたらされるという見方がある（内閣府 二〇一七）。

しかし、労働市場で求められる力が劇的に変化するなか、教育現場ではすべての子どもに同じ目標を設定し、その達成度を評価する従来のアプローチが続いている。ここで設定される教育目標は、既存の社会や、予測される未来の社会に適応する力である。しかし、このようなアプローチは、子どもが学校教育を始めてから終了するまでの期間に、社会に求められる価値が不変であるという条件の下でのみ成立する。しかし、現代社会はもはやそのような安定性を前提としたアプローチが通用する状況ではないことは明らかである。

教育学者のガート・ビースタは、現代社会において考えるべき教育の目的について、計画された目標に向けた学習を促進する「社会化」や「資格化」だけではなく、「主体化」という教育を重視することを呼び掛けている（ビースタ　二〇一〇＝二〇一六）。主体化とは、社会の変化に応じて柔軟に対応し、自らの力で新たな価値を創造する力を意味する。つまり、既存の価値に縛られずに自分自身を形成していくことが、現代の教育に求められるということである。主体化の教育のためには、子どもに同じ目標に向けた学習を求める従来的な一斉指導を問い直すことが求められるだろう。佐藤学は、行政や教師が目標を設定し、その達成度で子どもの学習を測定する「目標－評価－達成」モデルから、子どもが自ら問題を設定し、課題に向き合う過程を重視する「主題－探求－表現」モデルへの転換が必要であると指摘している（佐藤　二〇〇三）。このように、現代社会で生き抜くために求められる力の変化に応じて、学校教育や授業のあり方そのものを再考する必要があるのである。

3．特別支援教育の社会からの乖離

知的障害特別支援学校では、高等部に教科「職業」が設置され、職業に関する理解を深め、技能を獲得すること、職業などの進路についての課題設定や評価・改善、より良い生活の実現に向けた態度、などを目標に据えた教育がなされている。このようななかで、高等部では「就労準備性」という言葉が指導の根拠になされることがあり、学校教育を社会の下位セクターに位置づける実践が見られる。また、特別支援教育では早期からの支援が重視され、職業教育の視点が小学部や中学部の教育のあり方にも影響を及ぼすことがある。

このような、働くための力を学校で育むという発想は、生産性のような能力が文脈や他者との関係に依存せずに個人の中にあるという考えの上に成り立っている。しかし、このような見方は、現代の産業形態と矛盾を生じつつある点に注意が必要である。アンディ・ハーグリーブスは、知識社会における組織は静的な役割ではなく、協働、継続的改善、問題解決への積極性が重視されると指摘している。このような「ムービング・モザイク」(Hargreaves, 1994) と呼ばれる組織構造においては、個人の能力が単純に集計されるのではなく、異なる力が協働することによる相乗効果が発揮されるため、成果を個人の貢献に還元することはできない。

これは知的障害のある子どもの労働の場においても例外ではない。障害のある人の職場でも、多様な個人が協働することで発揮されるシナジーが組織全体の生産性を高めることがあるからである。影山摩子弥は、知的障害者を雇用する企業において、障害のある従業員とない従業員との良い関係が、組織全体の精神的健康や業績向上に寄与することを示している。そして、「組織内マクロ労働生産性」の視点から、障害者雇用がシナジー効果を発揮する可能性が指摘されている(影山 二〇一二、二〇一七)。このような一般社会の動向を踏まえると、予測不可能な変化が増加する現代社会において、学校は単に特定の技能や汎用的能力を訓練する場としての役割から脱却することが求められている。

しかし、学校の存在意義が失われたわけではない。むしろ現代において学校の社会的意義は増大している。なぜならば、社会自体が学び続けることを重視する「学習社会」へと変化しているからである(Hargreaves, 2003、楠見 二〇二二)。今後、特別支援教育においても、個々の子どもの能力の向上を目的とするのではなく、協働的な学びやチームでの生産活動を重視する教育への転換が必要ではないか。

III. 学校教育に浸透する個人主義

1. 個人主義的価値観の教育への浸透と影響

現代の日本社会では、個人主義が経済以外の分野にも拡大し、教育分野にも深く影響を及ぼしている。個人主義的な教育観とは、子ども一人ひとりを自己完結した存在として捉える考え方である。個人が他者と切り離されて存在すると考える個人主義では、個人を特徴づけるために他者との比較や基準を用いた評価が必要となる。つまり、共通の指標で測定できない個性を個人主義で評価することは困難なのである。個人主義では、個々の子どもの学習は「個」の能力の表出として理解され、そこでは、他者との関係性や相互依存は、学習成果を共有するための手段にとどめられているにすぎない。

特別支援教育においても、個人主義的な教育観の影響は顕著である(森 二〇一四)。障害学の個人モデルが「欠陥モデル」とも呼ばれるように、個人の状態や学習は「標準」との差によって「速い/遅い」「優れている/劣っている」などと評価される(楠見 二〇二二)。個人主義に基づくと、教育の目的は個人の能力を高めることと見なされる。すると、特別支援教育は標準よりも学習や発達が「遅い」と見なされる子どもを通常教育から切り離し、特別な方法で「標準」に近づけるために実施されることになる。そして、そこではそれぞれの子どもの多様な学びの過程が軽視されることになってしまう。

しかし、学習は本来、他者との関わりや相互作用を通じて進む過程である。ビースタは、自己とは他者や社会との相互作用によって形成されるものであり、この関係性による変化こそが学びであることを強調している。逆に、自己完結した存在としての「個」を単位とする教育観では、他者が学びの過程に含まれないため、変化がない（ビースタ 二〇一七＝二〇一八）。個を孤立した存在として捉える教育観が続く限り、個性化する学びは見失われ続けるのである。

2. 子どもを孤立させる教育の問題点

近年の日本の教育において、個人主義の加速が見られる。象徴的なのは、内閣府の「Society5.0に向けた人材育成～社会が変わる、学びが変わる～」（内閣府 二〇一八）と経済産業省「未来の教室」とEdTech研究会の「『未来の教室』ビジョン」（経済産業省「未来の教室」とEdTech研究会 二〇一九）に掲げられた「個別最適化」のという発想である。これらの文書では、人工知能を活用して子どもに適した教育課程を提案し、学習結果をＡＩによって管理する教育モデルが示された（石井 二〇二一、熊井 二〇二〇）。しかし、鹿毛（二〇二二）が指摘するように、この最適化の発想には限界がある。この発想は、行政や教師が設定した目標の達成のみを学習と見なしており、そうすると、学習は進度に基づいて評価されるようになってしまう。

文部科学省は「令和の日本型教育の構築を目指して～全ての子供たちの可能性を引き出す、個別最適な学びと、協働的な学びの実現～（答申）」（文部科学省 二〇二一）において、「個別最適な学びと協働的な学びの一体化」を打ち出し、ＡＩ管理による教育への警戒感を表明した（守屋 二〇二三）。しかし、実際のところ、ＩＣＴやデジタル教材を使用した実践は奨励されており、そのような文脈で「個別最適な学習」が「個別最適化」と同じような意味で使用されることがある。鹿毛（二〇二二）は、「個別化・個性化教育」は本来、各生徒の個性や独自の学びを支援するために提案されたものであったが、「令和の日本型教育（答申）」の「個別最適」にはその視点が欠如していると批判をしている。「個別」という語が個性化ではなく学習課題を個別化するように解釈されると、予め教師が設定した目標に向かってなされる学習のみが価値づけられ、子ども一人ひとりのユニークな学びが考慮されなくなる恐れがあるのである。これは、結果的に「個別化・個性化教育」の実現を妨げるであろう。

3. 教育改革の理論の空洞化

個別最適な指導をすることが、教育改革に資すると述べる者がいる。しかし、このような発想は現代社会との関係で教育を捉え直す際に目指された「一斉指導からの脱却」という教育改革の理念を歪めるリスクがある。社会構造の変化に対応して、教育観の転換を伴う学校教育改革を行う必要性は、日本においては佐藤学が推進する「学びの共同体」の学校改革を通じて一九九〇年代から取り組まれ始めた。

この改革における学習観はレフ・ヴィゴツキーの心理学理論を基盤としている。学習は「発達の最近接領域」に焦点を当てた協働的な活動を通してなされる（Vygotsky, 1978）。この時、学習は孤立した状況においては成立せず、協働が学習を可能にする条件とみなされるのである。個別化された課題を解いた結果を共有する実践において、協働は成立しない。協働とは、知識生産の過程が共有される実践を指すのである。個別化された課題を解いている子どもが交流をする場合には、子ども同士の関係が「教える－教えられる」という主従関係に固定化されてしまうだろう。

ここで、個別最適を一斉指導からの脱却のために用いることが、現代社会との関係で教育を問い直そうとする改革の理論を空洞化させることは明らかである。「一斉指導か個別最適な学習か」と問うている論者は、どちらも「孤立した個」を前提としているため、教育観の転換を伴わない不十分な議論にとどまるのである。しかし、現在では「一斉指導か個別最適な学習か」という二者択一の議論がなされ、文部科学省が掲げる「個別最適な学びと協働的な学びの一体化」は、この二者択一の思考に立つ教育現場を混乱に陥れている（鹿毛 二〇二一、守屋 二〇二三）。

結果として、根本的な教育観の転換を伴わない、教室に新たな道具や方法を持ち込んだだけの授業形式の流行が各地で見られるようになっている。

4．進行する分断

個別最適な指導という言説と同時に、現在の学校教育ではＩＣＴやデジタルツールの利用のために子どもに最適化された教育が有効であるという言説が広がっている。しかし、学習を個別化するような教育実践は子どものユニークな特性を否定している（鹿毛　二〇二二）。

このような学力や進度で子どもを評価する視点は、子どもたちの分断を助長するリスクがある。また、このような個人主義的な学習観に基づく教育は、競争的な文化を生み出す（佐藤　二〇〇八、杉江　一九九八）。その結果、子ども同士の協働は一層難しくなる。そして、学習進度が遅れていると見なされる子どもには、個別の支援が割り当てられることで、子どもが大人の支援の下で学ぶという状況が固定化される。

子どもの関係の分断と、大人が一人ひとりの子どもの指導・支援をするという状況の固定化は、協働的学習を困難にする。すると、子どもは問題を出したり手伝ったりしてくれる教師やＩＣＴ機器に依存しなければ学習ができなくなる。しかし、教師や支援員が同時に見ることができる子どもの人数は限られている。このような教室では大人が対応しきれなくなったところで子どもに「困り感」が生じ、結果として異なる教育の場への転出が促されるのである。

つまり、個人主義的な学習観は、日常的な関わりや友人関係や心理的な面でのつながりを切断し、協働的な学習によって支えられていた子どもに困り感を生じさせることになるのである。

Ⅳ．反–個人主義的アプローチの意義

1．反–個人主義と協働的学びの意義

「反–個人主義」としての協働的な学びは、学びの本質を再考するために不可欠な視点を提供している。協働的な学びとは、単に個々の成果を共有することではなく、学びそのものが他者との関わりを通じて進行し、生成される過程であると捉えられる。ここで重要なのは、学習の最小分析単位（unit of analysis）が「孤立した主体」ではなく、他者と切り離すことができない個にあるという点である（Wertsch, Tulviste, & Hagstrom, 1993、楠見 二〇一八）。協働的な学びは、自己完結的な存在としての個が完遂するものではなく、他者との相互作用を通じて絶えず進行するプロセスなのである。

ジェームズ・ワーチは、ヴィゴツキーの心理学に基づき、「媒介されたエージェンシー（mediated agency）」という概念を用いている（Wertsch, 1991）。彼は、個人の行為が社会的・文化的な文脈に埋め込まれ、他者や文化的道具との相互作用を通じて調整されることを示した。この視点は、学びや行為が単に個人の内的な特性や能力に依存するのではなく、環境や他者との関わりの中で形成されるこ

とを示している。

ワーチによれば、行為は孤立した個人の意図や能力の表出ではなく、社会的な文脈や他者との関係の中で動的に調整される過程として生じるものである（Wertsch, 1991）。この考えに基づくと、障害のある子どもの学習を障害のない子どもの学習と区別する発想は生じない。障害の有無にかかわらず、すべての学習者は「媒介的手段」を通して活動し、それぞれの活動が等しく学習として見なされるのである（楠見 二〇二二）。学びは社会的相互作用の中で形成される動的なプロセスである。この視点を採用することで、学びを個人の特性や能力の向上を捉えてそれを促すのではなく、社会的・文化的な相互作用を通じて生じる変化の過程が注目されるようになるのである。

2. 反－個人主義的アプローチの理論的発展と実践への示唆

反－個人主義的学習論の具体的な方法として、「足場かけ（scaffolding）」の理論が挙げられる（Wood, Bruner, & Ross, 1976）。足場かけとは、学習者が他者からの支援を受けながら課題を解決し、徐々に応答性を高めるために不可欠な教授－学習法である。

たとえば、教師がヒントを与えたり、思考を促したりする質問を投げかけることで、学習者は挑戦的な課題に対する自らの考えを発展させる手がかりを得る。このプロセスにおいて重要なのは、コンティンジェントな支援の手放しである（van de Pol, Volman, & Beishuizen, 2010）。コンティンジェントとは、状況に応じた即自的で臨機応変な教授―学習の特徴である。このようにして、足場かけは支援の減少を通して、学習者の応答性が増していく（楠見 二〇一八、二〇二二）（**図1―4**）。このようなかかわりを行うことができるのは教師だけではなく、子ども同士もである（佐藤 二〇〇六）。子ども同士がコンティンジェントなかかわりを築くことで、相互に応答性を高めながら、学習を進めることもできるだろう。

この発想は、学習を孤立した個人の能力に基づいて課題を分け、達成度によって評価を行う従来の教育アプローチを乗り越える視点を提供する。反―個人主義的なアプローチに基づく教育実践は、学びの多様性を尊重し、すべての子どもが社会的な相互作用を通じて成長と変化を遂げることができる教室と授業を提供するための基盤となるので

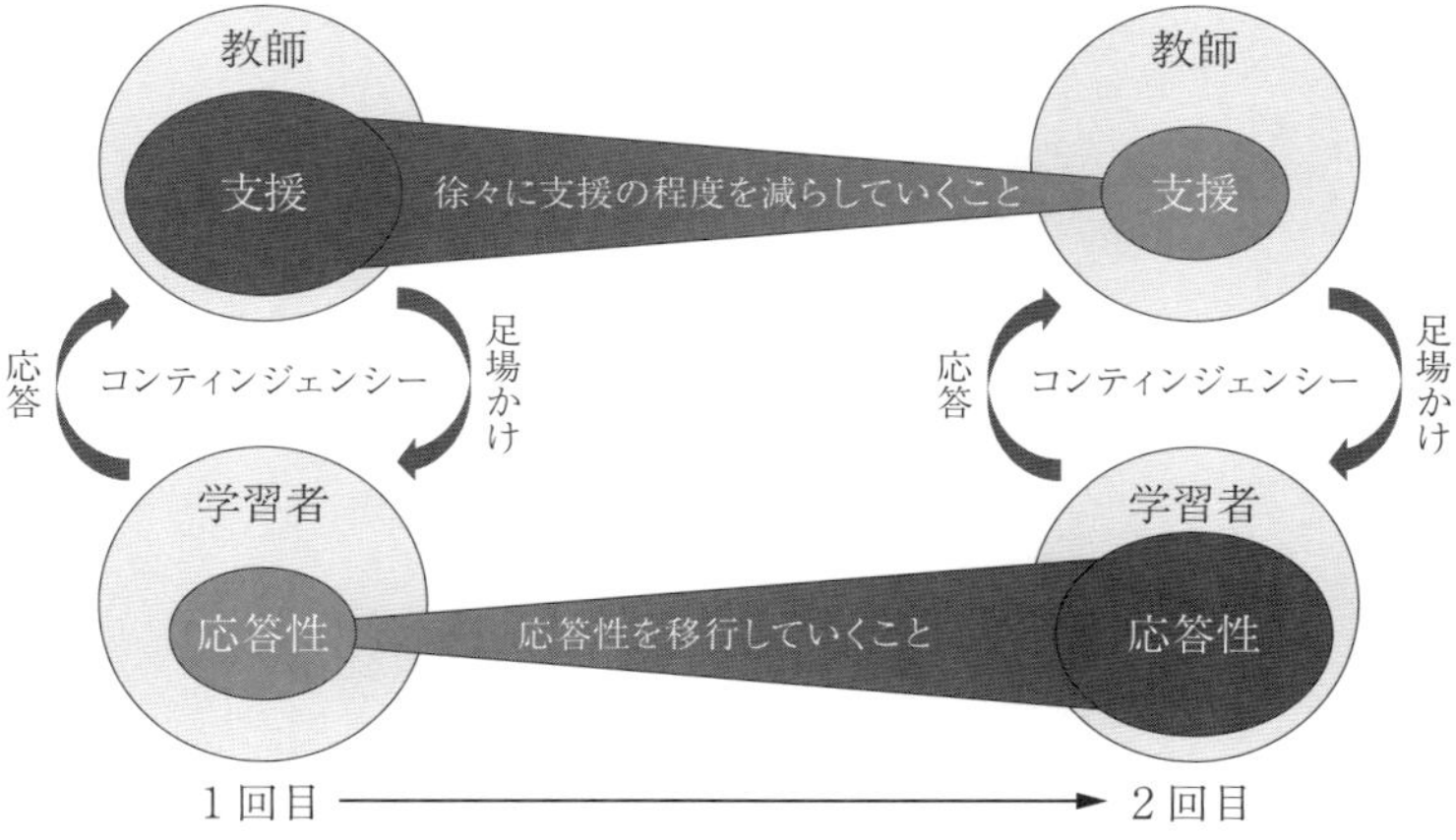

図1―4　足場かけの概念モデル

出所）van de Pol, et al., 2010, 楠見, 2022を再掲

である。

V．インクルージョンと反－個人主義的アプローチの実践

1．インクルーシブ教育の可能性

インクルーシブ教育とは、サラマンカ宣言や障害者権利条約で提唱された教育理念である。この理念は、単に障害のある子どもとない子どもが同じ場で学ぶことを意味するものではない。インクルーシブ教育は、さまざまな特徴や背景を持つ子どもたちがともに学び、協働を通じて互いに変化を享受する教育を構築することを目指している。この理念は、個人を社会の主流の価値に統合することではなく、主流の教育がいかに限られた集団に偏っているかを問い直し、あらゆる子どもがともに学べるよう、教育を不断に改革し続ける過程である。

本来、子どもたちの間にあるのは「自然な差異」である（楠見　二〇二二）。自然な差異とは、個々の子どもが持つ身体的・精神的な特徴の多次元的な分布であり、他者と関わることや離れることを通じて生じる個人および社会的な生成的変化を生み出す重要な要素である。異質な他者と関わり、ともに学ぶことで、子どもたちは思いがけない変化を遂げ、これが社会の変化をもたらす基盤にもなる（**図1－5**の左）。しかし、日本の教育制度では、この自然な差異が階層的な学習観によって単なる上下

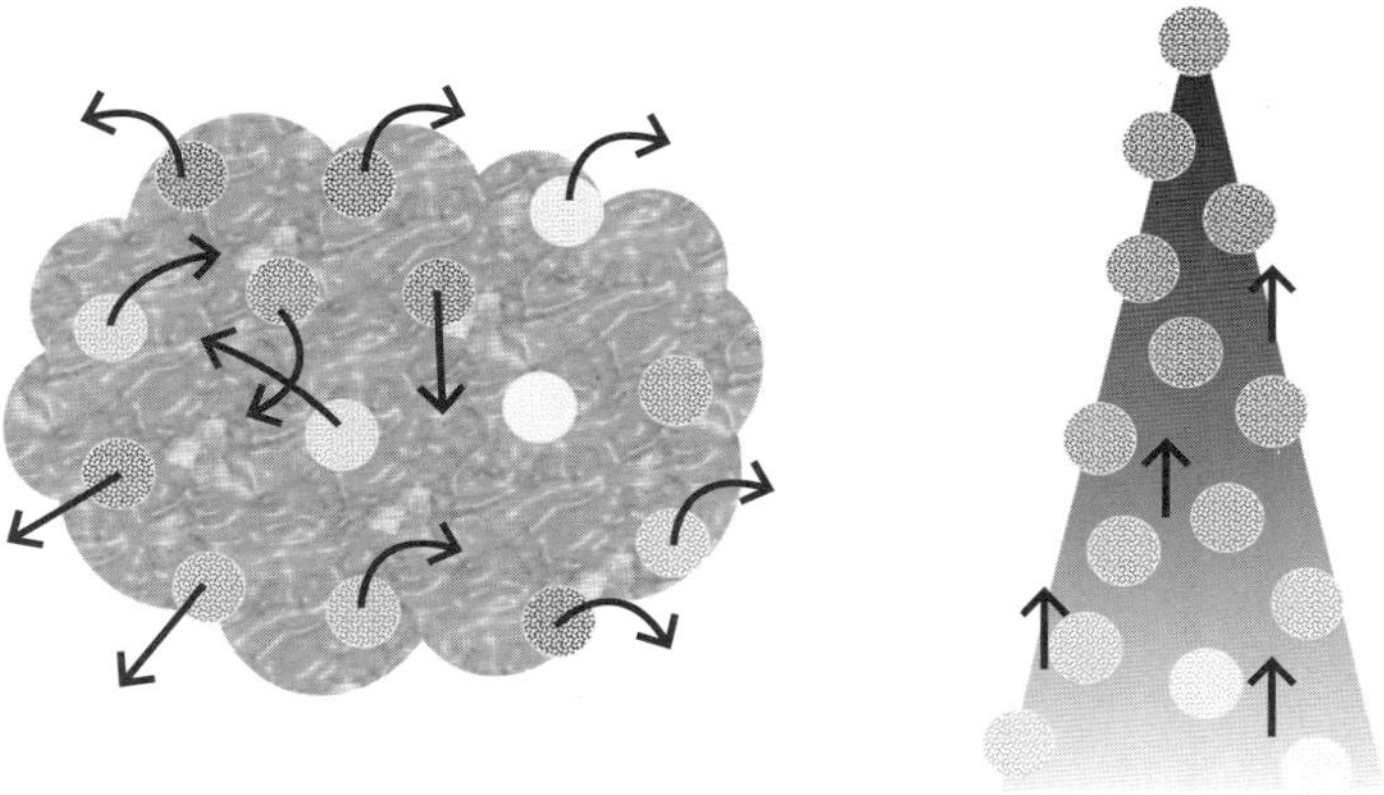

図1－5　自然な差異（左）と序列化された差異（右）

関係に置き換えられている（**図1－5**の右）。この階層構造においては、学びの目標が「より上に行くこと」に制限され、単一の方向への到達だけが「学習」と捉えられる（楠見　二〇二二）。

このような階層構造に基づく学習観は、子どもたちの間に分離を生じさせる。この分離は、実質的な交流の機会を奪う側面と、心理的な障壁を生み出す側面を持つ。階層的な学びの枠組みにおいては、進度や到達度の近い、類似した者同士の関わりが重視されるようになり、異なる特性や能力を持つ子どもたちの交流は制限される。このような階層構造が学級文化に浸透すると、子どもたちの異なる階層にいる他者への意識は希薄化し、差別的な意識が助長されるリスクもある（小国　二〇二三）。

インクルーシブ教育は、このような階層的な発想を批判し、子どもたちの自然な差異を活かしながら、協働を通じて成長する場の提供を目指している。インクルーシブ教育の実践においては、異質な他者との関わりを通じて、すべての子どもが自己を生成的に変化させる機会を得ることが可能となるのである。このように、反－個人主義的アプローチは、他者との協働や関係性の中で学びを捉えるものであり、この視点はインクルーシブ教育の理念と密接に結びついている。

2. インクルーシブ教育のための支援の考え方

日本における従来の特別支援教育の発想では、主流の教育に適応できないと見なされた子どもに対して個別支援が行われることが多く、合理的配慮や環境整備、支援員の配置、特別支援学級での個別学習、あるいは教師が個別に特別な注意を払うなどがなされてきた。しかし、教育観の転換を伴わないままでの個別支援は、子ども同士の協働的な関係や相互作用を分断し、学びの本質を損なう恐れがあることに気づく必要がある。

インクルーシブ教育において反－個人主義的アプローチを導入することは、子どもたちが異なる他者とのつながりを通じて自己を生成し、主体化していくプロセスを促進する。また、このアプローチを導入することにより、従来の成果主義的な評価方法にも変革が促される。学びを他者との協働のプロセスの中で生成されるものと捉えることで、教育現場では教室全体の相互作用やつながりがより重視されるようになる。この観点からすれば、教師の役割は、標準と呼ばれる指標に合わない子どもを標準化するための個別的な支援を行うことではなく、子ども同士の良好な関係や協働を促進することにあるといえる。支援とは、必ずしも教師が予め決められた目標の達成のための直接的介入をすることではなく、場合によってはあえて支援を控えることで、子どもたちの関係づくりを促進し、関係の差異化を促すことが重要なのである。

インクルーシブ教育の実践において反-個人主義的アプローチを採用することは、教育の場を単なる個の達成の場とするのではなく、異質な他者との関わりを通じて生成的な自己を形成するための場として捉え直す契機となる。このことにより、教育の意義は個別の成果を超え、協働の中で生成される学びへと向かうのである。

3. 学校教育を変える

インクルーシブ教育を推進するための具体的方法として、多層支援システム（Multi-Tiered System of Supports, MTSS）が参考になる（Fuchs, Fuchs, & Stecker, 2010、斉藤 二〇一〇）。これは、すべての子どもが学習や行動において必要な支援を受けられるようにするための包括的なフレームワークである。ＭＴＳＳの重要性は、個人や小集団に焦点を当てた支援の前に、子どもの参加と学習を実現するための教室や授業の転換を行うための筋道を示している点にある。

ＭＴＳＳでは、支援を段階的に提供する三層構造が採用されており、各層で対象や支援の程度が異なる。第一層はすべての生徒を対象にした予防的な支援を行い、通常のカリキュラムや学級活動をすべての子どもが参加できる形に構築することである。第一層の支援では十分な成果が得られない生徒を対象とする第二層では、共通するニーズのある少人数グループで追加的な支援を行う。そして、第二層の支援でも効果が見られない場合には、第三層で個性に応じた支援が提供される。

これに対して、日本の特別支援教育では、標準的な教育に適応できないと見なされた子どもを早期に特定し、個別支援を行うことが重視されている。このアプローチはMTSSの第一層と第二層を飛ばして、第三層支援の一部を行うことに相当する。これは、教育の場を変更することや、子どもを従来の通常教育のあり方に合わせるための補助的な手段を追加することで、通常教育のあり方の転換を伴わないことに問題がある（堤 二〇一九）。子どもを共同体から切り離したり、個別の指導から抜け出せない状況を作り出したりすることは、支援の意義を失わせている。

支援の本質とは、子どもが学びの共同体に参加しやすくし、学習を可能にするためのものである。つまり、子どもに媒介手段を提供し、足場かけによる支援の漸進的な解放によって応答性を高めるところまでを含む必要がある。

MTSSの考え方は、子どもを変えるのではなく、学校や教育のあり方、授業の構造、教師の対応を変えることに重点を置く。多様な子どもが参加可能なインクルーシブ教育を実現するためには、子どもの自然な差異を活かす学びの場を再考することが重要であり、これは本来「一斉指導からの脱却」

を目指す教育改革の理論が志向していた、個人主義的な教育観の転換に通じる点で意義がある。

インクルーシブ教育が日本で進まない現状は、根強く残る個人主義的教育観と密接に関連している。個人主義的な教育観の転換が長年試みられておらず、教室内での子どもの分断や、教室からの分離によって、協働的な学びが困難になり、ますます子どもの困難が生じるようになっている状況があるのである。

VI. つながりの支援

本章は、特別支援教育における個別支援の限界と、個人主義的な教育観が教育全体に及ぼす課題について論じた。個人主義の文脈で「個」が強調されると、協働的な関係の中でしか成立し得ない学びが見過ごされ、子どもたちの間で分断が進み、学習環境が個の枠組みに閉じ込められる事態が生じる恐れがある。現在、多くの学校では、異なる背景や特性を持つ子ども同士の相互作用が希薄になり、自然な差異を活かすことで成立する協働的学びが見失われつつある。

現代社会を生きるために求められる主体化のための学習においては、多様な子ども同士が互いに関わり、協働的に学ぶ場が必要である。そのためには、教師の支援は個々の子どもに直接介入することにとどまらず、子ども同士が自然な差異を活かして関係を築き、生成的に変化していく環境を整えなければならない。支援は、手放しまでを前提として行わなければならないし、時には敢えて支援しないことが、子どもたちの関係を育むための支援として機能することもあり得る。

本章の冒頭で指摘した現在の日本の教育における行き詰まりの問題にもう一度立ち返ろう。個人主義からの脱却を試みない教育制度の延命策は、子どもたちの教育からの逃走と通常学級における多様性の減少を引き起こし、教育そのものの成立基盤を揺るがしているのである。子どもを分離して、特別な教育の場における教育を推進することは、現在の問題の解決策にはならない。

増え続ける特別支援学級や特別支援学校すべてに専門性を備えた教師を配置することは、もはや現実的ではなくなっている。「特別な教育の場には専門的な先生がいる」という、二〇〇〇年代の初頭に出版された教科書に書いてあるような状況はもはや成立していない。特別な教育の場に専門性の高い教師を配置できるのは、各学校に一つか多くても二つの特別支援学級がある場合に限られる。これに対して、現在では特に自閉症・情緒障害特別支援学級が一つの学校に複数設置され、六～八名の異なる学年の子どもが在籍している。一部の自治体では、年度途中の入級を認めているため、教師一人が九名以上の子どもを担当する状況も生じている。このような状況で、「特別な教育の場に入れば、専門性がある先生が個別に指導をしてくれる」というようなことはあり得ない。

同時に生じる問題は、学力や進度のような指標で子どもを評価する教育観によって子どもを排除することで、通常学級の集団に偏りが生じるようになっているということである。堤（二〇一九）は、特別な教育の場は、通常教育の場の文化の不変性を維持する役割を担っていることを指摘している。しかし、それと同時に進行する問題にも目を向けなければならない。通常学校の多様性が減少すればするほど、その集団は偏った集団となり、そこでの「標準」は高くなるのである。これによって、逸脱と見なされる特徴や行為の範囲が拡大する（楠見　二〇一五）。これが繰り返されることで、通常学級の許容度が減少していき、現在の通常学級では非常に偏った集団と規範が形成されている。近年では、障害の診断がない子どもを一、二回の知能検査や発達検査の結果をもとに特別支援学級の判定とすることや、まだ小学校に入学する前の未入児に対して特別支援学級に入級することを促す事例が増えている。

多様性を排除するような教育観を改めない限り、この悪循環は止まることがない。教育全体を特定の制度や理論に閉じ込めるのではなく、社会との関係性を踏まえた協働的な学びの場を提供することが求められる。特別支援教育を通常教育から切り離して考えることや、教育を社会と切り離す考え方はもはや限界に達している。学校教育の崩壊はすでに始まっており、取り返しのつかない段階に進んでいる部分もある。社会と教育の関係を問い直し、教育観を根本的に転換しなければならないのである。

本章で論じた内容は、個人主義的な教育観の延命を試みる動きに警鐘を鳴らすものである。今こそ、教育に関わるすべての人びとが、自らの行動や教育のあり方が将来にどのような影響を及ぼすかを真剣に考えるべき時が来ている。

参考文献

石井英真、二〇二二、「教育『変革』政策の展開と教師の自律性：『教育DX×個別最適な学び』による脱学校化の行方」日本教育方法学会（編）『教師の自律性と教育方法：教育のデジタル化・協働的な学び・個別最適な学びを解剖する』図書文化：一〇―二三．

鹿毛雅治、二〇二二、「『個別最適な学び』を問う：『個』の独自性（固有名）を大切にする教育実践へ」日本教育方法学会（編）『教師の自律性と教育方法：教育のデジタル化・協働的な学び・個別最適な学びを解剖する』図書文化：二四―三七．

影山摩子弥、二〇一二、「障がい者雇用の『組織内マクロ労働生産性』改善効果」『横浜市立大学論叢社会科学系列』六三(一・二・三)：四五―八一．

影山摩子弥、二〇一七、「障がい者雇用におけるネットワーク的連携の意義：宮崎県中小企業家同友会クリーン事業部会の取組みに寄せて」『横浜市立大学論叢人文科学系列』六八(二)：四一―六八．

経済産業省「未来の教室」とEdTech研究会、二〇一九、「未来の教室」ビジョン．経済産業省「未来の教室」とEdTech研究会

熊井将太、二〇二〇、「学習の個別化時代における学級授業の課題」日本教育方法学会（編）『公教育としての学校を問い直す：コロナ禍のオンライン教育・貧困・関係性をまなざす』図書文化：二三―三六．

楠見友輔、二〇二五、「借りの学習プラン　連載　新しい時代の教育を創造する第一七回」『教育と医学』七三巻二号、慶應義塾大学出版会（二〇二五年予定）

楠見友輔、二〇一八、「学習者の『媒介された主体性』に基づく教授と授業」『教育方法学研究』四三：四九―五九．

楠見友輔、二〇二二、『子どもの学習を問い直す』東京大学出版会．

小国喜弘、二〇二三、「インクルーシブ教育の課題」『連合総研レポートＤＩＯ』三六：一五―一八.
齊藤由美子、二〇二〇、「『多様な教育的ニーズに対応できる学校づくり』に関する理論的背景（ＭＴＳＳ）の提案」独立行政法人国立特別支援教育総合研究所研究成果報告書（令和二年三月）. https://www.nise.go.jp/nc/report_material/research_results_publications/specialized_research/b-338
佐藤郁子、二〇〇八、「学級経営の在り方を方向づける潜在的要因としての小学校教師の特質：教師文学作品の分析を通した教師文化研究」『教育方法学研究』三四：八五―九六.
佐藤学、二〇〇三、『教師たちの挑戦』小学館.
佐藤学、二〇〇六、『教師たちの挑戦　授業を創る　学びが変わる』小学館.
総務省統計局、二〇二四、「我が国のこどもの数：『こどもの日』にちなんで（「人口推計」から）」総務省.
杉江修治、一九九八、「協同学習の展開」『中京大学教養論叢』三八：六四一―六五六.
堤英俊、二〇一九、『知的障害教育の場とグレーゾーンの子どもたち　インクルーシブ社会の教育学、東京大学出版会
内閣府、二〇一七、「日本経済二〇一六―二〇一七：好循環の拡大に向けた展望」内閣府.
内閣府、二〇一八、「Society5.0 に向けた人材育成：社会が変わる、学びが変わる」内閣府.
ビースタ・G.、二〇一〇＝二〇一六、藤井啓之・玉木博章（訳）『よい教育とはなにか：倫理・政治・民主主義』現代書館.
ビースタ・G.、二〇一七＝二〇一八、上野正道（監訳）『教えることの再発見』東京大学出版会.
ベック・U.、二〇一六＝二〇一七、枝廣淳子・中小路佳代子（訳）『変態する世界』岩波書店.
森博俊、二〇一四、『知的障碍教育論序説』群青社
守屋淳、二〇二三、『令和の日本型学校教育』の奇妙さについて：「『個別最適な学び』に着目して」『教育

学の研究と実践』一八：一二―一九.
文部科学省、二〇〇七～二〇一三、『文部科学統計要覧』文部科学省.
文部科学省、二〇〇七～二〇一三、「学校基本調査」文部科学省.

Fuchs, D., Fuchs, L. S., & Stecher, P. M. 2010, The “blurring” of special education in a new continuum of general education placements and services. *Exceptional Children*, 76, 301–323.

Hargreaves, A. 1994, *Changing Teachers, Changing Times: Teachers’ Work and Culture in the Postmodern Age*, (School Development Series). Continuum.

Hargreaves, A. 2003, *Teaching in the knowledge society: Education in the age of insecurity*. Teachers College Press.

van de Pol, J., Volman, M., & Beishuizen, J. 2010, Scaffolding in teacher-student interaction: A decade of research, *Educational Psychology Review*, 22, 271–296.

Vygotsky, L. S. 1978, Cole, M. (Trans.). *Mind in Society: The development of higher psychological processes* Harvard University Press.

Wertsch, J. V. 1991, *Voice of the mind: A sociocultural approach to mediated action*. Harvard University Press.

Wertsch, J. V., Tulviste, P., & Hagstrom, F. 1993, A sociocultural approach to agency. In E. A. Forman, N. Minick & C. A. Stone (Eds.) *Contexts for learning: Sociocultural dynamics in children’s development*: 336–356. Oxford University Press.

Wood, D., Bruner, J. S., & Ross, G. 1976, The role of tutoring in problem-solving. *Journal of Child Psychology and Psychiatry and Aliied Disciplines*, 17, 89–100.

第2章

関係的営みとしての自立／自律
――言説としての「依存から自立／自律へ」の限界――

横山草介

Ⅰ．本章の目的

教育の一つの目標として「自立／自律」という言葉が語られることがある。一方の「自立」は身辺自立や経済的自立といった言い回しとともに、身体的、物質的に誰かの助けを得ることなしに自活できることを価値づける。他方の「自律」は善悪の判断をつける、良識に従って行動する、といった文脈とともに、精神的に誰かの助けを得ることなしに何らかの判断を下すことができることを価値づける。いずれも、教育という文脈において「自立／自律」が語られる場合には「依存から自立／自律へ」という言い回しとともに一つの価値志向的な概念としてこれらの概念が現場に響くことになる。そして、その先に教育の一つの成果として見出されるのは個人の能力として達成される諸個人の「自立／自律」の姿である。

だが、ふと立ち止まって考えてみると、われわれの社会生活や日常生活はもとより他者やモノの助けを借りずには成立し得ない。生活のあらゆる場面において、私たちは他者やモノに依存して生きている。この視点をとるとき、果たして教育の目標として掲げられる「自立／自律」は一体何を意味し得るのだろうか。教育の目標として掲げる概念としてもはや棄却すべき概念なのだろうか。あるいは、それでもなお「自立／自律」という概念が意味を持ち得るとすれば、それは如何なる意味においてであろうか。本章が取り組むのはこうした問いである。

この問いに臨むにあたって、本章ではまず、この「自立／自律」という概念が学校教育の現場でさまざまに残響する様を描き出す。そして、そこには「自立／自律」を個人の身につけるべき能力として捉える見方が根づいていることを明らかにする。続いて、「自立／自律」という概念が「依存」と不可分であるという観点を、フィンランドの介護福祉制度における「自立（independent life）」の概念を経由することで確認する。最後に「自立／自律」と「依存」とは二者択一の関係にあるものではない、という視点を手にいれるとき、教育の一つの目標として掲げられる「自立／自律」の意味を如何にあみなおす必要があるのかを明らかにする。そこには、個人の能力としての自立／自律ではなく、関係的な営みとしての自立／自律の視野が拓かれることになる。

Ⅱ．物語のフィールド

本章は筆者のフィールドワークの経験に基づいた一つの「物語（narrative）」を軸にあまれる。人間科学の探究の手法として「物語（narrative）」という概念が用いられるとき、この概念は、人びとの経験を有機的に組織立て、意味づける方法として定義される（Bruner, 1990、やまだ 二〇〇〇、横山 二〇一八、二〇一九）。探究の方法論としての「物語」は、真理に関する検証基準を無矛盾性と一貫性を旨とする「真実（truth）」から、矛盾や不確実性とともに立ち上がる「迫真性（verisimilitude）」へとずらす。言い換えれば、物事の「本当らしさ」に定位することによって人間の生き姿に迫る。ここには、矛盾を伴い、不確実であることが人間の生（life）のリアリティと結びついているという立場がある。このようなアプローチはナラティヴ・アプローチと総称され、人間科学の探究における一つのパラダイムを形成してきた（Bruner, 1986, 1990；Sarbin, 1986；Polkinghorn, 1988）。

本章における物語の舞台は小学校である。筆者はかつて小学校の現場に身を置き、多くの子どもたちや教師たちと出会ってきた。本章はそうして筆者が小学校の現場で出会ったエピソードを軸に自立／自律をめぐる物語を再構成するものである。

物語の主人公として登場するのは軽度の知的な障害をもった自閉症児のオサム（仮名）と、彼の学校生活をサポートする支援員である。オサムは週二日、通級指導教室に通い、残りの三日は通常学級で学んでいた。今日に至ってはインクルーシブ教育システムの推進が各方で叫ばれ、障害をもった子どもたちが通常学級で学ぶことに対して、さまざまな合理的配慮が為されるべきことが当然視されるようになってきた。だが、本章の物語の舞台はこうした声が今日ほどは広がっていない頃のものである。それでもなお、学校に複数の支援員とスクールカウンセラーを配し、彼の学校生活が充実したものになるように人員配置がなされていた点は当時の学校長の先見であった。通常学級のクラス運営において自立／自律という言葉が教師たちによって明示的に語られることはあまりないかもしれない。学級や学年の目標に「自立」や「自律」という言葉が掲げられていれば、私たちはやや戸惑うだろう。

一方、通常学級に特別な配慮や支援を必要とする児童が在籍するとき、自立／自律という概念が学級運営の中に否応なく入り込んでくることになる。オサムもまた普通学級と通級指導の両方で学ぶ児童の一人であったが、通級指導の制度上の後ろ盾ともなる特別支援学校学習指導要領では第七章に「自立活動」という項目が設けられ、そこには次のような目標が掲げられている。

> 個々の児童又は生徒が自立を目指し、障害による学習上又は生活上の困難を主体的に改善・克服するために必要な知識、技能、態度及び習慣を養い、もって心身の調和的発達の基盤を培う。
>
> （文部科学省　二〇一八：一九九）

ここでは教育の一つの目標として「自立」という言葉が用いられ、個々の子どもたちの障害の状況に応じながら、彼らの自己選択・自己決定を尊重しつつ指導を行うべきことが示されている。こうした制度上の背景に鑑みるならば、通常学級に特別な配慮や支援を必要とする児童が在籍する状況において、学級運営の中に自立／自律という概念が入り込んでくることは不思議なことではない。では、オサムの在籍によって、通常学級の中に如何に自立／自律という概念が持ち込まれることになるのか。物語はオサムが小学校一年生の頃からはじまる。

Ⅲ．教室の内側に響く個人能力としての自立／自律

次のエピソードはオサムにとっての一年生の夏休みが終わり、二学期がはじまった頃のものである。その頃のオサムと支援員との関わりは次のようなものであった。

朝、オサムは遅れて学校にやってきた。校庭では朝礼がはじまっており、子どもたちは学年ごとに整列している。オサムは一年生の列の一番後ろに支援員と一緒に並んだ。オサムが突然「よーい！ドンッ！」と大きな声をあげ、走り出そうとする。支援員はあわててオサムの手をとり「今は、朝礼だからじっとしていて」と伝えるものの、しばらくするとまた同じように「よーい！ド

ンッ！」と声をあげて走り出そうとする。

この頃のオサムの休み時間の楽しみの一つが、この「よーい！ドンッ！」と声をあげてグラウンドを力いっぱい走ることであった。だが、「朝礼」という文脈と「休み時間」という文脈とでは、学校において子どもたちに求められる振る舞いのあり方が異なる。支援員はそのことを懸命にオサムに伝えようとしていた。朝礼にとどまらず、授業時間もオサムが教室に居続けることは難しかった。支援員はたびたび教室の外に飛び出していくオサムの後を追い、ときには教室に連れ帰り、ときにはオサムの向かう先（たいていは校庭や体育館）で時間を過ごした。このやりとりは、オサムにとっても、支援員にとっても葛藤を経る時間であった。次のエピソードはちょうどその頃のものである。

国語の時間、教科書の物語を劇で演じるための配役を決め、役のお面を作る活動に取り組んでいた。オサムは朝から疲れた様子で、担任の先生が説明をしている間も机の上に突っ伏したり、隣の席の子に頭をもたれかけたりしていた。支援員はその度に「今は寝る時間じゃないよ」「その格好はおかしいよ」と声をかけるものの、すぐに姿勢が崩れてしまう。この頃、支援員は担任の先生と相談し、オサムの今の目標は「授業中、立ち歩かないこと」や「自分の席にきちんと座っていること」といった生活面だろうということになっていた。支援員は学校生活における最初の目標としてこれらのことをオサムに求めてもよいだろうと考える一方で、学級の授業ペースについていくことが難しかったオサムに「今は授業中だから」という理由で「席についていること」を求めるのは酷なのではないか、という思いも同時に抱いていた。オサムの「自立」そして「自律」をめぐって、彼にどこまで声をかけ、どこまで説明し、どこまで手助けをしたらよいか分からないという日々が続いていた。

通常学級における授業は単元計画に沿って着々と進んでいく。一方、オサムにとって通常学級における授業への参加には困難がともなった。そこで支援員は担任の先生と相談し、オサムの目標を学校における学習面と生活面とに切り分け、まずは生活面で学校生活に馴染むことを目標に据えた。そこには「授業中、立ち歩かないこと」や「自分の席にきちんと座っていること」といった教室の秩序と結びついた学校生活における暗黙の了解があった。一方、学習面の困難を抱えていたオサムにとって、教室の秩序と結びついた暗黙の了解のみに照準を合わせた諸種の要求に応じなければならない時間はしんどい時間であったに違いない。そしてそこにオサムの自立／自律をめぐる支援員とオサム双方の葛藤が生じていた。

学校生活における子どもたちの生活と学習とは多くの場面において一体となって進む。だが、学習面において強い困難を抱える児童が通常学級に在籍するとき、そこでは便宜的に生活面と学習面とが切り分けられ、生活面での自立／自律の達成という目標が先行、前景化することがある。むろん、授業時間において学習面での個別の支援が行われないわけではない。だが、学級全体の学びのペースと教室における個別の学習支援との間にはつねに段差が生じてしまう。

国語の時間に片仮名の練習が行われた。先生が黒板に書いた片仮名をノートに三回ずつ書いて提出するという課題である。オサムは絵や記号を写しとるような手つきで先生が黒板に書いた片仮名をノートに書いていった。支援員は赤鉛筆でオサムのノートにお手本を書き、お手本をなぞってもらったあとに、その下に一回ずつ練習してもらうことにした。どうにも形がくずれて読めないものについては、書き順を示しながら書き直してもらうことにした。

学級全体の学習活動と、オサムの学習のペースとの結び目を探りながら教室における個別の学習支援が模索される。こうした模索とともにオサムの学校生活は進んでいった。この頃の担任教諭から支援員への助言に次のような言葉が残っている。

オサムだけではありませんが、ダメなものはダメと言わなければなりません。少しずつ距離をおいて、他人に頼らなくてもできるようにしなくては。

ここに見出されるのは、生活面においても、学習面においても、ものごとの良し悪しについて子どもたちに辛抱強く教え、彼らの成長に合わせて徐々に手を引いていくことで、他者に頼らずにも生きていけるようにする、という考え方である。ここに「依存から自立／自律へ」という考え方が響いていることは明らかであろう。だが、こうした働きかけが功を奏することもある。オサムもまた例外ではない。次のエピソードは先に示したエピソードから半年後、オサムが二年生に進級した四月のものである。

朝の体育朝会でのオサムはときどき二年生の列から離れてしまうことがあったものの、どこかへ行ってしまうようなことも、大きな声を出すこともなく、ときどき前の子の真似をして体操をしているようであった。

学校生活において朝礼、授業、昼食、掃除時間、休み時間、放課後など、それぞれの場所や場面で相応しいとされる振る舞いを身につけ、学校の秩序と結びついた暗黙の了解に順応していくことで徐々に支援員の手から離れていく。私たちはそこに子どもたちの「依存から自立／自律へ」の歩みを見出し、それを教育的働きかけの成果として価値づける。だが、オサムの物語についていえば、教育的働きかけにおける学習面と生活面との切り分けが抱え込むことになる葛藤が続いていた。学習面と生活面との切り分けにともなう葛藤とは、本来、学校生活の多くの場面において子どもたちの生活と学習とが一体となって進むところ、学習面に強い困難を抱える児童が通常学級に在籍するときに便宜的に生活面と学習面とが切り分けられ、生活面での自立／自律の達成が教育の目標として先行、前景化することによって学習面での支援が後回しにされてしまうことを指す。

国語の授業は、先生の読み聞かせの授業であった。オサムはお話を聞けているのか、聞けていないのか、といった様子であった。いずれにしても物語を聞いて楽しむ、というところまではいかない様子である。オサムも成長しているが、周りの課題の難度もあがっていく。追いかけっこのかたちになってしまうのはやむを得ないのだろうか。オサム自身の今、この時点の力の限度ということになると、もどかしくも、どうすることもできない。それでも、五時間の授業にもすっかり落ち着いて座っていられるようになった。

むろん、支援員もオサムに対する個別の学習支援を続けている。だが、学級全体の授業のペースと、オサムの学習のペースとの間にはどうしてもギャップが生じてしまう。教育的働きかけにおける学習面と生活面との切り分けによって、オサムは五時間の授業でも落ち着いて自分の席に座っていられるようになった。だが、授業それ自体への参加という点においては後追いの困難が引き続いて経験されていた。

そしてここにオサム自身の今、この時点における力の限度という眼差しが向けられることになる。

Ⅳ．個人能力としての自立／自律から関係的営みとしての自立／自律へ

小学校を舞台としたオサムと支援員との関わりを軸に据えた物語によって浮き彫りになるのは、学校生活における暗黙の規範と結びついた物事の良し悪しを子どもたちに辛抱強く教えることを通して、彼らがそれらの規範を内面化し、やがては他者の力を借りることなく独力で相応しい振る舞いができるようにする、という教育についての考え方である。ここに教育の一つの目標として価値づけられる「依存から自立／自律へ」という標語が浮かび上がる。そして、この標語に宿るのは「自立／自律」を個人の獲得すべき能力として捉える見方であろう。すなわち、他者からの働きかけと、自己の努力の成果として諸個人に内面化され、習得される能力として「自立／自律」が捉えられる。本章ではこのような「自立／自律」の捉え方を「個人能力としての自立／自律観」と呼んでおこう。

個人能力としての自立／自律観は、「依存から自立／自律へ」という標語と結びつくことによって、もっともらしい教育の目標として響く。だが、この見方には課題が残る。それは、「自立／自律」がつねに先立って定められた何らかの「のぞましい姿」を基準として語られることになるために、「自立／自律」を目指す個人の努力の多くが予め与えられた「のぞましい姿」への適応の過程として説明

されてしまうという問題である。

視点を変えて述べるなら、ここには自らの領分において世界に働きかけ、新たな実践を創造していくような主体の姿がほとんど見えてこない。もう少し噛み砕いて言えば、その人がその人らしくある、という姿が見えてこないのである。

ここまでに取り上げたオサムの物語においても同様である。オサムの物語においては、学校生活における「のぞましい姿」が、予め与えられたものとして強く前景化しており、この「のぞましい姿」に向けて支援員の働きかけとオサムの努力が重ねられていた。ここには学校生活における「のぞましい姿」の自立／自律的な遂行に向かって努力を重ねるオサムの姿はあっても、オサムがオサムらしくある姿はほとんど見えてこなかった。

「自立／自律」とは予め定められた何らかの「のぞましい姿」に向かって努力を重ね、当の「のぞましい姿」を他者に頼ることなく、独力で実現することである、という見方を受け入れ、教育の一つの目標として価値づける道筋も確かにあるだろう。だが、先にも述べたように、自らの領分において世界に働きかけ、新たな実践を創造していくような主体の姿がほとんど見えてこないなかで、「自立／自律」を教育の一つの目標として価値づけておくことにどれほどの意味があるのだろうか。教育の一つの目標として価値づけられる「自立／自律」の概念に、なにか異なる視野を投じることはできないのだろうか。

この問いに応じるためのヒントを与えてくれる議論の一つに川床靖子（二〇〇五）のものがある。彼女の議論は、高齢者福祉の文脈におけるわが国の介護保険制度の仕組みが、高齢者を「依存から自立」へと執拗に駆り立てるものとなっており、この「依存から自立へ」というスローガンが介護を必要とする高齢者やその支援者を窮地に追いやっていることを批判的に検討したものである。議論の文脈こそ異なっているものの彼女の議論は「自立」という概念の再考に取り組んでいる点において本章と主題を同じくする。したがって、ここでは川床（二〇〇五）の提題を一つのスプリングボードとして、本章における「自立／自律」の再考へと歩みを進めたい。

川床（二〇〇五）は、高齢者福祉の文脈において喧伝される「依存から自立へ」というスローガンに対し、次のような指摘を行う。

どんなに健康な人々でも、日々の暮らしを維持するためには、炊事、洗濯、買い物、掃除、社会的な交渉ごとなど生活のあらゆる面で多かれ少なかれ他者の支援を必要としていることがわかる。しかし、他者の支援が必要だからといって彼らが人として生活者として自立していないわけでは決してない。〝介護の必要な生活〟と〝自立の生活〟は二者択一的な、もしくは互いに両極にあるようなものではないことは明白である。

（川床　二〇〇五：三）

高齢者に限らず、私たちはどんなに健康であっても、日常生活を円滑に営むために買い物をしたり、食事をしたり、社会的な役割を担ったり、と生活のあらゆる面で他者や道具の助けを借りながら日々の生活を営んでいる。われわれはそうした現実に対し、お互いを依存的であり、自立していないと揶揄することはない。上の引用部で川床（二〇〇五）が指摘しているように「他者や道具の助けを要する生活」と「自立の生活」とは二者択一の関係にあるわけではない。

川床（二〇〇五）の議論に従えば、にもかかわらず「依存」と「自立」とが二者択一的に語られ、「依存から自立へ」というスローガンがもっともらしく響いているとすれば、そこにはこの言説をもっともらしく響かせる社会—技術的（socio-technological）な仕組みが機能していることになる。そして、川床（二〇〇五）によって高齢者福祉の文脈においてこの仕組みの一つの例として取り上げられるのが、わが国の介護保険制度の見直しとともに始まった「要介護認定」という仕組みである。高齢者の生活実態をさまざまな社会—技術的なフィルターを通して「要介護度」という指標に翻訳することによって「介護の必要な生活」と「自立の生活」とが両極に位置づくものとして再編、可視化される。つまり、「認定」という実践を可能にする社会—技術的な仕組みによって、支援や介護を要する状態を「要介護」、支援や介護が不要な状態を「自立」として措定することが可能となる。そうして、高齢者に対しては「依存から自立へ」というスローガンが一つの価値として、これもまた社会—技術的な仕組みを経由して喧伝されることになる（川床　二〇〇四、二〇〇五）。まさに「依存」と「自立」とが、社会―技術的なアレンジメントのもとに、二者択一的なものとして、そして、一方から他方へという価値志向的なものとして位置づけ直されることになる。

一方、川床（二〇〇五）は「依存」と「自立」とを二者択一のものとして位置づけ、「依存から自立へ」というスローガンを掲げる日本の介護保険制度との比較において、フィンランドの健康福祉事業の一環として推進された〝independent well-being project（i-Well project）〟を取り上げ、検討に付している。文字通り、フィンランドの同プロジェクトにおいて価値づけられているのは「自立の生活」である。だが、ここでいわれる「自立の生活」は日本における「自立の生活」とはその意味がまったく異なるという。

その内実を川床（二〇〇五）は次のように要約している。

iWELLプロジェクトでは、高齢者の自立の生活とは〝高齢者が市民としての高い生活の質を続行しつつ自宅で独立した生活を営むこと〟、つまり、在宅生活のことなのである。しかも、このプロジェクトでは、そのような在宅生活を可能にするためには様々な介護の技術とサービスの提供が必要であると考えている。日本の介護保険制度見直し案にあるような〝介護の必要な生活〟と〝自立の生活〟を二者択一的にとらえることはしていない。むしろ同一線上にそれらを位置づけて、より質の高い生活を可能にするサービスの提供が目指されている。

（川床　二〇〇五：五―六）

端的に言えば、フィンランドの iWELL プロジェクトの目指す「自立の生活」において「自立」と「依存」とは二者択一のものではなく、両立するものとして考えられている。川床（二〇〇五）の指摘をパラフレーズするならば、高齢者が自らの求める生活の質を維持しつつ自宅で独立に生活を営んでいくことと、そうした生活を可能にするための支援やサービスを享受することとは一方を取って他方を捨てるという関係にはない。ここには、個としての人間がその人らしく生きていくことを「自立」として位置づけつつ、この「自立」を支えるためにはさまざまな支援やサービスが提供される必要がある、という考え方がある。

「自立」と「依存」とを二者択一的に位置づけ、諸個人を「依存から自立へ」と駆り立てる考え方の背後に宿る自立／自律観を「個人能力としての自立／自律観」と称するならば、「自立」と「依存」とを両立するものと位置づけ、諸個人が自立的に生きるためには他者や道具による支援やサービスが必要であるという考え方の背後に宿る自立／自律観を「関係的営みとしての自立／自律観」と称することができよう。

冒頭のオサムの物語で、彼の学校生活において前景化していたのは「個人能力としての自立／自律観」であった。そこでは、学校生活における「のぞましい姿」が、予め与えられたものとして強く前景化しており、この「のぞましい姿」に向けて支援員の働きかけとオサムの努力が重ねられていた。そして、「自立／自律」は他者からの働きかけと、自己の努力の成果として個人に内面化され、習得される能力として捉えられていた。だが、ここには学校生活における「のぞましい姿」の自立／自律的な遂行に向かって努力を重ねるオサムの姿はあっても、オサムがオサムらしくある姿はほとんど見えてこなかった。

では、本節で展開した議論を足場に、自立／自律という概念を関係的営みという観点から捉え直した場合には、どのような視界が拓けてくるだろうか。その人がその人らしく生きるということに自立／自律概念の基礎をおき、その実現と持続のためには他者や道具による支援が必要であるという自立／自律観に依拠するとき、オサムの学校生活への眼差しはどのように変化するだろうか。

V. 関係的営みとしての自立／自律の地平

自立／自律という概念の足場にその人がその人らしく生きるということを置き、その実現と持続のためには他者や道具による支援が必要であるという自立／自律観に立脚するときに見えてくる地平を、ここでは一つの論考を頼りに示唆しておきたい。

R・P・マクダーモット（McDermott, R. P.）（1993）によって書かれた〝The acquisition of child by a learning disability〟と題された論考である。マクダーモットは学習障害（LD）として認識されているアダムという少年と彼を取り巻く人たちとの関わりを観察、記録することを通して、活動の文脈や状況によってアダムの困難が見えやすくなったり、見え難くなったりするという事実を明らかにしている。たとえば、アダムの振る舞いを日常生活／料理クラブ／クラスでの授業／テスト場面という四つの場面で比較してみると、彼の困難がもっとも強く前景化するのはクラスでの授業やテストの場面である。授業やテストの場面になるとアダムは周囲の子どもたちから孤立し、彼の抱える困難が際立って見えてくる。一方、彼が料理クラブで親友のピーターという少年と一緒に活動しているときや日常の生活場面においては、それと特定できるような困難はほとんど見えてこない。日常生活や料理クラブの場面では、アダムは彼が使うことのできるさまざまな工夫や道具、仲間の手助けを得ながら活動する。自然な協同関係が結ばれる場面においては学習障害とみなされるような特徴はほとんど見えてこないのである。他方、仲間の手助けや彼が日常的に使っている工夫や道具が制限されるような教室での授業やテストの場面になると、彼の困難が傍目にも明らかな困難として際立ってくる。

マクダーモット（一九九三）は、アダムをめぐる社会的な関係のあり様をつぶさに観察することを通して、学習障害はアダムという少年に内在するものというよりは、アダムを取り巻く人々の関わり方や、特定の活動が要請する制度的な様式によって社会的に作られているのだという結論を導いている。彼はこの指摘を通して、何らかの困難が社会的に作られるものであると考えるなら、われわれはともすると、ある人がその人らしく生きるということを社会的、関係的に剥奪する実践に参与している可能性がある、との警鐘を鳴らす。

マクダーモット（一九九三）の議論を敷衍するなら、本章が扱ってきた自立／自律という主題も次のように理解し直すことができるだろう。すなわち、ある人が自立／自律していないように見えるのは、その人を自立／自律していない存在としてまなざす社会的、関係的な実践や仕組みが機能しているからである。そうであるとするなら、視点を転じたところには、その人を自立／自律した存在としてまなざす社会的、関係的な実践や仕組みがあり得る。川床（二〇〇五）の紹介した「自立」と「依存」とを不可分のものとして理解するフィンランドの「自立の生活（independent life）」の考え方や、マクダーモット（一九九三）が観察した親友の手助けを得ながら料理クラブの活動を楽しむアダムのように、である。

では、オサムの物語においてはどうだったのであろうか。オサムの物語を振り返ってみるとき、そこにも関係的営みとしての自立／自律として描き出すことのできるいくつかのエピソードが確かにあった。以下、それらのエピソードのうちの一つを紹介しつつ、本章を結論へと導きたい。

三時間目の国語の授業は教科書の要点をワークシートに筆写していく活動であった。オサムの教科書に線を引き「ここを、このプリントのここに写して書くんだよ」と説明すると彼は懸命に取り組んでくれた。しかし、プリントを終えて漢字の学習に入ると集中力の限界だったのか、手をつけずにベランダに出てしまった。

ベランダの隅には小さな植木鉢が置いてある。オサムは植木鉢に土を入れ、シャベルでかき混ぜ、クラスで収穫した落花生を上にいくつか載せ「ケーキ！どうぞ！」と持ってきてくれた。ハッピーバースデーの歌を歌いはじめたので「誰の誕生日？」と尋ねると「オサム！」と自慢げに答えてくれる。「そう。オサムは何歳になったの？」「七歳！」「じゃあ、ローソクは七本だね」「イチゴ！」「そっか、じゃあショートケーキだね！」そんな会話がしばらく続いた。オサムは植木鉢をホットケーキに見立てたり、シュークリームだと言ったり、うどんだと言ったり、かきまぜたり、匂いを嗅いだりしながら「ちょっと待っててください」、「そこに座ってて下さい」と丁寧語を使いながら話しかけてくれた。

国語の授業という教室における授業文脈の中では、支援員がオサムの教科書の解答となる部分に線を引き、ワークシートの解答欄に線が引かれた部分を筆写するようにガイドする。学級内で進行する国語の授業文脈へのオサムの参加を考えたときに、この支援は、支援員にとってその場で考え得る最良のものであった。だが同時に、支援員がオサムの教科書の解答となる部分に線を引き、ワークシートの解答欄に線が引かれた部分を筆写するようにガイドするという実践、まさにその実践が周囲からオサムを支援が必要な存在として際立たせ、彼の困難を可視化させることになる。そして、教室で進行する授業文脈から外れ、教室の外に出てしまうという行為もまた、周囲の児童の取り組みとの対比においてオサムの存在を際立たせ、そこに教育目標としての「依存から自立／自律へ」という眼差しが向けられることになる。ここに交錯する眼差しを本章で用いた概念を使って「個人能力としての自立／自律観」と呼ぶことに異論はなかろう。

それに対し、ベランダで展開したオサムと支援員とのやりとりだけを切り取って上のエピソードを読み直してみるとき、そこには「支援が必要なもの」と「支援を行うもの」という関係は見えてこない。オサムがベランダに置かれた植木鉢に土を盛り、いくつかの落花生を載せて「ケーキどうぞ！」と持ってくる。支援員が「誰の誕生日？」と尋ねる。彼が「オサム！」と自慢げに答える。ここにオサムと支援員という便宜上の代名詞を用いなければ、一連のやりとりは、二人の人物によって営まれるみたて遊びの一場面として読解されよう。このやりとりには、オサムの能力や困難を際立たせ、可視化させる要素がない。ただ、オサムが自らの実践として、ケーキづくりからはじまるみたて遊びを通して自らの時間を生き、傍には彼の実践に参与する同伴者がいる。

本章では、ある人がその人らしく生きるということに自立／自律概念の基礎を置き、その実現と持続のために他者や道具の支えを動員することを自明とする自立／自律観を「関係的営みとしての自立

／自律」として定式化した。上のエピソードはオサムの学校生活におけるほんの束の間のひとときであったかもしれない。しかし、当時のオサムの学校生活において「個人能力としての自立／自律観」が彼の周囲に張り巡らされていたとするなら、この束の間のやりとりのうちに「関係的営みとしての自立／自律」を見出し、意味づける作業は決して無意味なものではない。

VI. 自立／自律観の刷新に向けて

本章では依存と自立／自律とを二者択一のものとして理解し、所与の「のぞましい姿」と結びついて価値づけられる自立／自律に向けて、「依存から自立／自律へ」と駆り立てる考え方に宿る自立／自律観を「個人能力としての自立／自律観」と称した。この自立／自律観のもとでは、人びとは予め与えられたものとしての「のぞましい姿」を独力で達成することに向けて努力することを求められる。ここでは「のぞましさ」についての価値基準が当人の外部に置かれるため、当人が「どうなりたいか」「どうしたいか」という問いは脇に置かれる。言葉を換えて言えば、その人がその人らしく生きることの保証は、自立／自律の達成の先に先送りにされる。

一方、本章では、「個人能力としての自立／自律観」とは別に、もう一つの「自立／自律観」が存在し得ることを明らかにした。「関係的営みとしての自立／自律観」として措定されるこの自立／自律観は、自立／自律と依存とを両立するものとして位置づけ、人びとが自立／自律的に生きるためには他者や道具による手助けが前提となるという考え方に立脚するものであった。この自立／自律観のもとでは、人びとは自らの抱く「のぞましい姿」の実現のために、他者や道具の助けを得ることを自明とする。ここでは「のぞましさ」についての価値基準が当人に握られているため、当人が「どうなりたいか」「どうしたいか」という問いが重要になる。言い換えれば、その人がその人らしく生きることの保証が、自立／自律の前提に埋め込まれている。

本章は「個人能力としての自立／自律観」から「関係的営みとしての自立／自律観」へと、われわれの日常に張り巡らされた自立／自律観を刷新することを主張するものである。この結論の導きの糸として取り上げてきたオサムの物語において、彼の学校生活の多くの場面で前景化していたのは「個人能力としての自立／自律観」であった。そこでは、学校生活における「のぞましい姿」が予め与えられたものとして全域化しており、この「のぞましい姿」の実現に向けて支援員の教育的働きかけとオサムの努力が重ねられていた。自立／自律は、他者からの教育的働きかけと、本人の自助努力の成果として個人に内面化され、習得される能力として価値づけられていた。しかし、ここにはオサムがオサムらしくある姿はほとんど見えてこなかった。この状況は、インクルーシブ教育の推進が叫ばれる今日の学校現場において変化しただろうか。

もし、今日の学校現場においても「個人能力としての自立／自律観」と「依存から自立／自律へ」

ていうスローガンが結託して人びとの社会生活や子どもたちの学校生活の至るところに張り巡らされているとするならば、この自立／自律観を刷新することは喫緊の課題となる。なぜならば、「個人能力としての自立／自律観」は「依存から自立／自律へ」というスローガンと結びつくとき、「その人がその人らしく生きる」ということとは乖離した何らかの外的な「のぞましさ」を人びとや子どもたちに押しつける実践に凋落しかねないからである。

「関係的営みとしての自立／自律観」に立脚するとき、「その人がその人らしく生きる」ということは自立／自律概念の基礎に置かれる。そして、その実現と持続のためには他者や道具による支えが必要であるという前提に立つ。こうした自立／自律観に依拠するとき、人びとの社会生活や子どもたちの学校生活への眼差しはどのように変わってくるだろうか。読者にあらためて問いかけたい。

注

本章は筆者がかつて修士学位論文『関係的営みの中の自律／自立：文化的実践の参加者たちによる自律／自立の相互構成』において展開した議論を、今日の文脈を踏まえつつ、書籍への登載に相応しい内容となるよう抜本的な修正を施した上で掲載するものである。

参考文献

川床靖子、二〇〇四、「『要介護認定』：その可視、不可視の構図」『大東文化大学紀要』四二：一九―三一．

川床靖子、二〇〇五、「〝自立〟の生活へと駆り立てられる高齢者：情報・コミュニケーション技術と高齢者ケアとの同盟の行方」『大東文化大学紀要』四三：一―一四．

文部科学省、二〇一八、『特別支援学校幼稚部教育要領　小学部・中学部学習指導要領（平成二九年四月告示）』．海文堂出版．

やまだようこ、二〇〇〇、「人生を物語ることの意味：ライフストーリーの心理学」やまだようこ（編）『人生を物語る：生成のライフストーリー』一―三八．ミネルヴァ書房．

横山草介、二〇一八、「『意味の行為』とは何であったか？：J・S・ブルーナーと精神の混乱と修復のダイナミズム」『質的心理学研究』一七：二〇五―二二五．

横山草介、二〇一九、『ブルーナーの方法』．溪水社．

Bruner, J. S. 1986, *Actual minds, possible worlds*. Harvard university press.
Bruner, J. S. 1990, *Acts of meaning*. Cambridge : MA : Harvard University Press.
McDermott, R. P. 1993, The acquisition of a child by a learning disability. In Seth Chaiklin & Jean Lave (eds.), *Understanding Practice: Perspectives on activity and context* : 269-305. Cambridge University Press.
Polkinghorne, D. E. 1988, *Narrative knowing and the human sciences*. State University of New York Press.
Sarbin, T. R. (ed.), 1986, *Narrative psychology : The storied nature of human conduct*. Praeger Publishers.

第2部

実践の記述について

第3章

モノや道具を介した医療的ケア児の学級参加

久保田裕斗

I．包摂実践と道具使用の不可分性

本章では、インクルーシブ教育実践において医療的ケア児がどのように学級活動に参加しているかについて考察を行う。その際、当の医療的ケア児を取り巻く道具やモノを媒介とした参加プロセスに注目したい。医療的ケア児は国内において近年急速に増加しており、通常学級での受け入れも拡大している。このとき彼らが日常的に使用する人工呼吸器や気管カニューレ、吸引器、経管栄養チューブなどの道具は、教室空間での活動や相互行為に独自の影響を与えていると考えられる。以下では、これらの道具が生命維持や、単なる学習活動の補助的役割を果たすにとどまらず、子どもの学習活動や教室での共同的関係をいかに構成しているのかを明らかにすることを目指す。

分析にあたって重きをおくのは、「障害のある身体を普通学級へと組み入れていくインクルージョンの実践は、当事者のインペアメントに関連する道具の学校・学級空間への配置と、その使用を通じて日常の活動に組み込むプロセスと不可分である」（佐藤 二〇二二、五二―五三）という視点である。インクルージョン実践と教室内のモノの使用との不可分性という視座を踏まえつつ、医療的ケア児が用いる道具を媒介した学級活動への参加プロセスを詳細に分析したい。また個々の事例を具体的に記述していくことにより、教室空間に存在するモノが子どもや教員とともにいかにして相互行為の文脈を構成しているのかについても考察を試みる。以上を踏まえて最後に、モノや道具に注目するアプローチが掘り起こすインクルーシブ教育実践の潜在的可能性を読者とともに考えたい。

II．調査の概要

本章で扱う「医療的ケア」とは、病院等で行われる急性期の医行為とは異なり、経管栄養や喀痰吸引など、家族や支援者が日常的に行う介護行為を指す。医療的ケア児が地域で生活し、教育を受ける権利を保障するため、日本では近年、法整備や政策が進展してきた。その一例として、二〇一六年の児童福祉法改正を受けた厚生労働省による二〇一七年度の「医療的ケア児保育支援モデル事業」の開始が挙げられる。また二〇二一年には「医療的ケア児及びその家族に対する支援に関する法律」が成立し、学校設置者が保護者の付き添いなしで医療的ケアを提供する体制整備が義務付けられた。これにより、教育現場での医療的ケア児の受け入れ環境は徐々に整備されつつあるといえる。そして本章が焦点を当てるのは、このような制度整備の進展に先立ち、地域の中で就学を実現してきた医療的ケア児の事例である。

小学校や保育所に入学・入所した医療的ケア児とその家族をいかに支援していくのかについては、これまでも課題の整理が行われてきた（岡本・小原・金泉　二〇二四、植田ほか　二〇二〇など）。しかし本章では、こうした先行研究が十分にスポットライトを当ててこなかった、学校内部で医療的ケア児と周囲の人びとが日々営んでいる日常世界それ自体の記述を試みたい。

以下の事例検討において中心的に取り上げる医療的ケア児のケイイチ（子どもの名前は仮名、以下同様）は、関西地方のa市に住んでいる。彼の母親は一九九〇年代後半、こちらも医療的ケア児であった長男の保育所入所を実現し、医療的ケア児の受け入れの道を市内で初めて切り拓いた人物である。当時、呼吸器や気管切開が必要な子どもの保育所入所の例はa市全体でも皆無だったが、その後、この長男とケイイチは地域の小学校への就学を果たし、現在ではa市が医療的ケア児のインクルーシブ教育の先進地域として全国的に注目を集めるまでに至っている。今回は、この家族の次男であり、ストレッチャーに乗りながら地域の学校への就学を果たしていたケイイチの事例を取り上げる。

以下では、ケイイチが当時在学していた調査対象校であるQ小学校の概要を説明する。Q小学校は一九七四年に創立され、児童数約六五〇名、教員数約三〇名の中規模校である。また、同校では約四〇名の児童が特別支援学級に在籍しており、そのうち二二名が「支援学級籍」として登録されている。この「支援の子」と呼ばれる児童たちは、制度上特別支援学級に所属しているものの、実際には多くの時間を通常学級で過ごしており、クールダウンや個別学習のため必要な場合に特別支援学級の教室を利用する形態をとっている。このように、Q小学校で「支援の子」たちは物理的に通常学級の中に位置づけられ、空間的にインクルージョンされた状態にあるといえる。

Q小学校の特別支援学級には、診断を得た児童や障害者手帳を交付されている児童、あるいは手帳を取得していないが特別な支援が必要と判断された児童が在籍する。支援学級対象となるかどうかは、基本的には就学前に保護者と校長の話し合いによって決定される。どの学級に就学するかをめぐる決定プロセスには、特別支援学級への籍を置くことが学校全体の教員の人数確保につながるという制度的背景も影響していたと考えられる。他方で、「支援の子」の座席は通常学級にも配置されており、児童たちは健常児も障害児も日常的に同じ教室で活動をともにしている。

本章で取り上げる医療的ケア児のケイイチも、この「支援の子」の一人である。ケイイチは肢体不自由の特別支援学級に在籍しているが、一日のほとんどの時間を通常学級で過ごし、他の児童と一緒に学級活動に参加している。

次節ではまず、ケイイチが通常学級でどのように他の児童と関わり、学級活動に溶け込んでいたのかを、五年生時点で行われた彼にとってはじめての宿泊行事であった林間学校を例に検討したい。この事例は、地域の学校に通う医療的ケア児がいかに通常学級の活動に参加し、社会関係を構築しているのかを見ていく上で有益な示唆を与えるであろう。

III. 林間学校での「道づくり」

ケイイチは、人工呼吸器と胃瘻を必要とする医療的ケア児である。その彼が林間学校への参加を希望したとき、学校関係者は期待とともに戸惑いを抱えた。すでにQ小学校においては医療的ケア児でありながら、宿泊行事参加していた子どももいたものの、今回のケースは、雪山という特殊な条件下に連れていくということで、ハードルが高かったためである。ケイイチの「行きたい」という意思は明確で、クラスメイトたちも「一緒に行きたい」とその声を後押ししたが、これを実現するためには教員、看護師、そして地元の人びとの協力が必要だった。

以下の林間学校のエピソードは、当時の校長による講演の記録をもとにしてまとめたものである。その目的地は滋賀県の箱館山であった。雪山での活動においては、ケイイチが通常使用しているストレッチャーでは移動が困難であり、人工呼吸器や吸引機の機能を維持しながら長時間の移動を行う必要もあった。そのため、教員たちは現地の視察を行い、移動経路、宿泊施設、スキー場のバリアフリー設備などの検証を重ねた。特に問題となったのは、ストレッチャーを雪上で安全に移動させる手段の確保であった。通常なら困難と片付けられるであろう課題に対して、ケイイチと日々をともに過ごしてきたクラスメイトたちは教員とともに一つの解決策を考え出した。彼らは学校で使われなくなった赤じゅうたんを持ち出し、それを雪の上に敷くことで、ストレッチャーを沈ませることなく移動できる道を作るというアイデアを考案したのである。

林間学校当日、ケイイチはいつも通りストレッチャーに横たわりながら、人工呼吸器や吸引器を携え、学校を出発した。介護タクシーを使った移動はスムーズに進んだが、大変だったのは、山頂に向かうためのロープウェイに乗る場面であった。乗り場に行くためのスロープは設置されておらず、自作した段ボールのキャタピラで階段を上がった。山頂に到着した際、雪上でのストレッチャー移動という最大の難所が待ち構えていた。クラスメイトたちは事前に準備した赤じゅうたんを広げ、それを道として敷く作業を分担して行った。大雪が降る中、子どもたちは黙々と赤じゅうたんを運び、敷き直し、ケイイチを少しずつ集合写真の撮影場所へと導いていった。

集合写真の撮影が終わると、ケイイチは寒さによる体調の悪化を防ぐため、看護師とともに宿泊施設に戻った。その間、クラスメイトたちはソリ滑りなど雪山での活動を楽しんだが、彼らが宿泊行事をケイイチとともに達成するものとして捉えていた点は、最後まで揺らぐことはなかった。その後の宿泊施設では、待機するケイイチのもとを訪れ、活動中の出来事を伝え合う児童たちの姿が見られた。

この林間学校での出来事は、「医療的ケア児が雪山に出かけた」というケイイチの個別的なエピソードにとどまらない、クラス全体による共同的実践として記録されるべきものである。児童たちによる共同行為としての「道づくり」実践は、日々の学校生活で培われた相互的な信頼関係の延長線上にあるものだったといえるだろう。

Ⅳ．コミュニケーションチャンネルとしての医療器具

1．人工呼吸器アラームをめぐる「パニック」と習熟

ケイイチが日常的に使用している人工呼吸器は、無呼吸、高圧、電源、ガス供給、温度センサといった多種多様なアラーム音を発する。その原因も、痰の詰まり、回路の折れ曲がり、吸気努力の増加、ガス供給装置の不具合、室温低下など多岐にわたる。これらのアラーム音が鳴り響いたとき、それが意味するところを即座に判断することは容易ではなく、特に担当教員たちにとっては「パニック」を引き起こす契機となる。当時の学級担任ＯＹと支援担当教員ＯＨは次のように語っている。

ＯＨ：もうこっちとしたら、校長先生、あなたケイイチ（の担任）ねって言われたら、うん、言葉は悪いけど、死なれたらどうしようって思う。命がかかってるから。

ＯＹ：もう重大責任な、そう。

ＯＨ：怪我させたらどうしよう、呼吸が止まったらどうしようっていう、その最悪なとこから私は入ったんですよね。怖いなって。オムツを替えるのですら、足がボキって言ったらどうしようとか、すごいビクビクしたし、なんか変なピーピーっていうのが、今となっちゃピーピーになっても、あーって思うしかないけど、そのときに鳴ったらもうパニックになって、誰か支援の先生を捕まえて、ＦＹ先生、ＭＳ先生にダッシュして聞いて。で、そういうことも、ＦＹ先生もＭＳ先生ももうわかってるから、それ気にしなくていいよとか、そういう人がいたから、私は聞ける人がいるっていう安心感ね。【ＩＮ二〇二〇〇三一四】

校長から「あなたケイイチの担任ね」と言われたとき、教員であるＯＨにとって最初に頭に浮かんだのは「死なせてしまったらどうしよう」という恐怖だったという。この恐怖は、人工呼吸器のアラームが鳴るたびに、何か重大なことが起きたのではないかと考え、すぐに他の先生に助けを求めるという行動につながっていく。

こうした「パニック」は、人工呼吸器が単に医療器具として機能しているだけでなく、担当教員にとっての「重大責任」を可視化する象徴的な道具として作用していることを示している。そのアラーム音は、ケイイチの命が教室空間で日常的に維持されているという現実を反復的に喚起し、教員たちに強烈な身体的・感情的反応をもたらす。そのためアラームは、音の意味や状況を冷静に解釈し適切に再構成するのに先立つかたちで、即時に対応を求められる緊急事態の象徴として機能していた。しかし、この「パニック」は教員たちが経験を重ね、人工呼吸器やそのアラーム音に習熟していく過程で徐々に沈静化していく。OHは、前年までケイイチを担当していたFYやMSといった教員からアドバイスを受けるうちに、初期の「ビクビク」した状態から、アラームが鳴っても落ち着いて対応できるように自身の気持ちが変化したことも上記断片の中で語っている。

ここで注目すべきは、アラームが単独で「トラブル」を指示するわけではないという点である。上野直樹（一九九九）の指摘に倣えば、「故障やトラブルは、物理的な現象として単独で存在するのではなく、当事者たちの相互行為の中で構成されるものである」。人工呼吸器のアラーム音もまた、教員と看護師、そしてケイイチ自身とが織りなす相互作用の中で、その意味が解釈され、問題の存在やその重要性が定義される。

たとえば、無呼吸アラームが教室で鳴ったと考えた教員がすぐにケイイチの近くに駆け寄り、看護師に助けを求めた際に、じつはその原因が回路の一部が折れ曲がっていることにあると判明した場合を考えてみよう。この一連の確認作業は、アラーム音を単なる「信号」として受け取ることによってではなく、機械の動作、ケイイチの身体的反応、そしてその場にいる人びとの判断が複合的に絡み合うことで「トラブル」として構成されていく。このような状況において人工呼吸器のトラブル対応は、単なる技術的作業ではなく、ケイイチ―教員―看護師―機械という四者間の相互行為として成立する。

こうして人工呼吸器のアラーム音は、教室という場における単なる「警告音」ではなく、教員たちがケイイチと機械の関係性を理解し、調整するための媒介として機能するようになる。その意味で、アラーム音をめぐる教員たちの認識の変容プロセスに着目することは、教室という空間での医療的ケアの実践がどのように構築されるのかを解明する重要な手がかりとなると考えられる。

2. 聴覚的支援の導入と支援方針の動態的形成

それでは具体的な支援の局面において、担当教員たちはどのような経験を通じて支援実践を構成し、調整していくのだろうか。視覚的支援から聴覚的支援への方針転換をめぐる事例を見ながら、教員たちの実践的工夫とその背後にある常識的理解の変容についての検討を以下で試みたい。

ある教員は、ケイイチへの支援を開始した当初、「支援の必要な子どもには視覚的支援を優先する」という障害児の教育において通例化している理解に基づき、さまざまな視覚的ツールを用意していたという。しかし、このアプローチがケイイチには効果的ではないことが次第に明らかとなる。その過程を教員は次のように語る。

OH：子どもは視覚的に入ればいいんでしょ、っていろんなグッズを作ったんだけど、ああいうケイイチみたいなストレッチャーに乗ってる子とかは（支援学校の先生から聞いた話によれば）

絶対的に聴覚優位やねんて［中略］で、そうやって言われると、確かに聞く力がすごいんですよ。

筆者：どういう時にすごいと思うんですか。

ＯＹ：例えば、私が言い間違えたりとか。はい。私にとっても子どもらにとっても全然おかしくないような間違いとか、噛んだりとか、すっごい笑う。【ＩＮ二〇二〇〇三二四】

この一連の語りは、ケイイチへの支援実践が、初期には教員たちの「視覚的支援が効果的」という常識的理解に依って構成されていたことを示している。同時に、そのような理解が外部からの教示的示唆（「ストレッチャーに乗っている子とかは絶対的に聴覚優位」）を受けて修正される過程が説明されている。語りの中の「確かに」という強調表現は、外部の専門的知見から提供された情報が、これまでの学校内におけるケイイチの振る舞いに即した理解を補強し、さらには方針の転換を正当化する契機として作用したことを示している。

ここで述べられている通り、実際にケイイチが聴覚優位であることは日常的な場面で確認されていた。たとえば教員が何気なく発した言葉の言い間違いに対して、クラスの他の児童が気づかないような細かなニュアンスを拾い上げ、反応して笑う姿が観察されていた。そうした具体的なやり取りを通じて、教員たちはケイイチの聴覚的優位性を認識し、それに基づいて支援方針を調整していく。

さらに、この事例は、学校世界における支援方針が固定的なものではなく、外部からの情報の取り込みを通じて動的に形成されていくことを示唆している。そしてこのときケイイチの聴覚的な感受性が「すごい」という教員の気づきは、特定の場面や出来事に限定されるものではなく、日常的な相互行為の積み重ねを通じて顕在化していったものである。このような気づきが共有されることで、ケイイチの個別性に応じた支援実践は次第に具体化されていくのである。

3．医療器具を媒介とした主体性の構成

以下では、ケイイチの意思や主体性が道具使用を媒介としてどのように読み取られ、教室内での関係性に影響を与えるかについて考察を試みる。次に示すのは、支援担当教員ＫＨらによる気管カニューレと吸引器の扱いに関連する一連のやり取りである。ここでは医療器具の使用が、医療的な文脈を超えて、ケイイチの意思や主体性を読み取るためのチャンネルとして機能していることがわかる。

一時間目の教室に向かう時間。エレベーターの中でのやり取り。

看護師：「ゴロゴロしてんな」

ＫＨ：「ケイイチ痰とる?」

ケイイチ：「あ」

看護師：「めっちゃ素直やん」
ＫＨ：「今日意識高いな」
看護師：「あんまり素直でちょっと怖い（笑）」
ＫＨ：「痰とる意識高いやん、ケイイチ」【ＦＮ二〇二一一一一七】

痰の吸引は通常、ケイイチの身体的なニーズに基づいて遂行される医療行為であるが、ここではその行為がケイイチの反応を引き出し、彼の〈素直さ〉や〈意識の高さ〉といった特性を評価する契機となっている。こうした評価は、単にケイイチの身体的反応を観察するだけではなく、それを主体的な意思の表現として解釈する枠組みの中で生成される。

このようなケイイチの主体性を前提とした認識枠組みが明瞭に観察可能になるのは、彼の行為が〈いたずら〉または〈悪い〉と見なされる場面である。以下のフィールドノートは、気管カニューレの取り付けがスムーズに進まない状況におけるやり取りを記録したものである。

（看護師がこちらに来て、ケイイチの喉に気管カニューレをつけようとする）
看護師：「顎やめて」
ＯＨ：「もうほんとやめてって言ったことやめて」

ケイイチ：「あ、あ」（顎を上下に動かす）
看護師：「ちゃんと（カニューレが）ついてない」
OH：「今の悪いですねー」
看護師：「そうですねー」【FN二〇一九一一二二】

この場面では、ケイイチが気管カニューレの取り付けを妨げる行為を行い、周囲の大人たちがそれを「悪い」と解釈している。注目すべきは、気管カニューレの取り付けがうまくいかない原因が、ケイイチの体調不良や看護師の技術不足に帰属されるのではなく、ケイイチ自身の意思すなわち〈いたずら〉や〈遊び心〉に関連づけられている点である。ここで「悪い」という評価は、単なる叱責ではなく、ケイイチの主体性を前提とした一連の解釈の中で機能している。

ケイイチの行為が「素直」や「悪い」といったかたちで評価される背景には、教員や看護師の間で共有される解釈枠組みが存在している。それは、ケイイチの動きを単なる反射的な身体的反応としてではなく、彼自身の主体的な意思や感情が現れたものとして読み取っていくような解釈枠組みである。彼を取り巻く日常的な相互行為は道具を媒介として調整されており、その中で彼の行為は他者にとって理解可能なものとして構築されていくのである。

Ⅴ．道具の共通（不）使用とメンバーシップの確保

1．共有資源としてのマジックペンと固有資源としての譜面台

ここまで見てきたように、ケイイチの身体的特徴に優位に関連する固有資源として、人工呼吸器やカニューレは彼の身体的インペアメントを補完するために特別に用いられていた。また、譜面台のような学校世界ではお馴染みの道具も、ケイイチにとっては、教科書などを読むために音楽以外の授業場面でも用いる固有の道具である。

他方でマジックペンのような、ケイイチを含めたクラス全員が使用する共通の道具も存在する。このことは、道具が単に個人のニーズを補完する機能を持つだけではなく、教室内でのメンバーシップのあり方に影響を与えることと関係する。すなわちケイイチの道具へのアクセスを他の児童に開放したり、制限したりする行為は、教室内で共通かつ対称的なメンバーシップを仮構的に生成しているのである。その実際の様子を以下で確認していきたい。

ケイイチがストレッチャーの上で過ごす日常生活は、彼自身の特異な身体的条件を前提としている。その条件を考慮した支援がどのように実践され、共有されているのかは注目に値するだろう。特に、彼がいわば「ストレッチャーの上から見た世界」を生きており、その意味で視覚的なインプットに制限があることは、教員やクラスメイトが支援方法を工夫し、調整するきっかけとなっている。以下に

示す場面からは、支援の現場での具体的なやり取りを通じてそのような調整が行われる様子が観察できる。

五時間目。マジックペンで色を塗る作業をする時間。ケイイチは色を塗るためにペンの色を選ぶ。ショウがケイイチに「赤がいい?茶色がいい?」などと聞き、「赤がいいって」と支援担のOHに伝える。慣れているように見える。その途中、OHが「突然これって見せてもダメ」「これと、これと、これがあるってまず見せて、そのあとこれ?これ?って聞くようにね」とアドバイスする。

その後、ショウは譜面台の上にペンを並べる。ケイイチは目線を動かして全てを確認したあと、ピンク色を選び、リストバンドにペンを挟んでぐちゃぐちゃとした線を書く。OHに手を添えられながら、ケイイチはペンを動かしている。【FN二〇一九一一二二】

この場面において、ケイイチが自ら選んだペンで線を描くまでのプロセスには、彼の身体的条件を考慮した支援の工夫が見られる。ケイイチは首を多少動かせるものの、基本的には目線を動かして周囲を確認する。そのため、物理的な視野は限定的であり、視覚的インプットが他の児童に比べて制約される。しかし、クラスメイトや教員がケイイチの目線が届く範囲を理解し支援を実践することで、彼は自分の意思を表現し、授業活動に参加できるようになる。

この場面において特筆すべきは、OHが「突然これって見せてもダメ」と指摘している点である。まず選択肢を並べてから聞くべきだとアドバイスを与えている様子からは、支援が実際の活動の中で動的に調整されていることがわかる。このOHの指示は、ケイイチの視覚的条件に応じるための具体的な方法をショウに共有するものであり、こうした一つひとつの教員からの働きかけが教室全体での支援方法の共有に寄与していると考えられる。

また、この場面では、ケイイチが「ピンク色」を選び、リストバンドにペンを挟んで線を描くという行為そのものが、支援実践の成果として受け入れられていると推察される。線が「ぐちゃぐちゃ」としているかどうかは問題ではなく、ケイイチが自ら選択を行い、その選択が支援者によって尊重され、活動に結びつけられたという点が重要なのである。

こうした支援実践は、教員とクラスメイトがケイイチの「ストレッチャーの上から見た世界」を共有し、その世界の中で彼が可能な限り自律的に行動できるよう相互行為を調整していることを示している。この調整は、特定の個人に閉じたものではなく、教室という社会的空間の中で複数のアクターが関与する相互行為として構築されている。その過程において、ケイイチの意思や行動が他者にとって理解可能な形で再構成され、彼が教室での活動に積極的に関与できる条件が整えられていくのである。

観察データを通じて明らかになるのは、ケイイチに対する支援が、固定的な支援方略として、あるいは単なる「特別扱い」としてではなく、動的で状況に応じた共同的行為として構成されていた点である。ペンを選び、線を描くという一見すると些細な活動においても、ケイイチの身体的条件、クラスメイトを含めた支援者の行為、そして教室内部の道具を含めた相互作用が場面の参与者によって繊細に構成されていく様子が観察できる。こうした支援プロセスの中に、インクルーシブ教育実践を下支えする基盤の一端を見出すことが可能であるだろう。

2. 所有と使用を切り離す

教室空間において、椅子という道具は単なる物理的な支えという機能を超えて、学級の社会的秩序を形作る象徴的な役割を担っている。特に医療的ケア児の所有する椅子に関しては、その使用状況や配置をめぐるやり取りが、教室内の関係性や規範を明示する重要な実践として報告可能になる場合がある。これは椅子が単なる物質的道具ではなく、教室内における「所有」と「使用」の関係性を媒介し、象徴的な秩序を生成する存在であることを表している。以下のやり取りからは、そのような学校成員間で共有されていた規範が観察できるだろう。

OH：（授業中にケイイチの椅子に座っていた筆者が）いる場所が邪魔やってん
筆者：なるほど

OH：っていうことが言いたかっただけ
筆者：でもあそこ（ケイイチの椅子）が、いちばん目立たなくないですか？
OH：ちなみに、ケイイチの椅子は、ケイイチの椅子であってあなたの椅子ではないからね。
筆者：それはたしかに……？　それはたしかに
OH：そう。あたし、ショウでさえ座んなっていうし、アイツ一回ケイイチの机を物置にしてるときあって、ブチ切れたからね
筆者：なるほど
FY：（代わりに大人用の）パイプ椅子一個置いておきゃいいのに
筆者：ていうかパイプ椅子（すでに教室に）ありますよね、たしかに、反省します

【IN二〇一九一一二九】

医療的ケア児の椅子は、その物理的使用頻度が低い一方で、教室内では極めて高い象徴的価値を帯びていた。ここでは健常児も使用している椅子のような道具が教室空間でどのように取り扱われていたかを記述することで、所有と使用といった行為がどのようにして教室内の規範的秩序を支えていたかについて検討を試みよう。

ここでトピックとして焦点化されている「椅子」は、ケイイチの身体的インペアメントとは無関連

な道具である。道具としての椅子は、学級のメンバー全員が使用しており、年度毎に一人ひとりが個別に仮所有している状態にあるといえる。しかし医療的ケア児の場合に限っていえば、所有と使用の関係性は複雑化している。通常、椅子という道具は教育現場において規範的資源としての地位を有している。たとえばフィールドワーク中に筆者がなにげなく児童の椅子に座った際、所有者やその比較的親しい友人たちからたちまち非難されるケースが多々あった（これは冗談交じりの非難の場合もあればそうでない場合もある）。健常児にとっての椅子は所有と使用の関係がほとんど一体化しており、単なる物理的支えとしてではなく、教室内活動への参与を保障する〈居場所〉としての象徴的な役割を担っていたのである。

他方で、医療的ケア児に分配される椅子は、〈使用されないが所有されている〉という状態に置かれていたといえる。たとえその椅子にケイイチが座ることはなくても、それは、物質的な支えという機能を超えた表象の一部となっていたのである。上記語りのＯＨによる「あなたの椅子ではない」との指摘は、ケイイチの椅子の所有権はケイイチ本人にあり、たしかに本人がそこに座ることはないが、だからといって他の人間がそれを無断で使用することは許されない、という原則の存在を説明するものである。教室内の椅子や机について、使用と所有を一体のものとして捉えてそれを〈勝手に〉使用した筆者と、ケイイチの同級生であるショウは、ケイイチの椅子や机は〈使用されないが所有されている〉という理解を共有しない者たちとして、ＯＨから非難されていたのである。

すなわち医療的ケア児が所有する椅子や机は、単なる道具としてではなく、教室空間の意味生成装置として機能している。使用されない椅子は、その視覚的・物質的現前によって、医療的ケア児がクラス共同体の一員であることを示す象徴的媒介として働いていた。その椅子を〈使用しないこと〉こそが規範的実践であるという暗黙の合意が、教室内部の社会的秩序を形成していることに、当時の筆者は気づいていなかったといえる。しかしOHは、筆者に十分な反省をする間も与えずに、上記の断片のすぐ後で自らもケイイチの椅子に座ることもあると冗談を交えながら語っている。

OH：いやでもあたしも座るんやけどな
筆者：いや座るんすか、あれ？
OH・FY：（笑）
筆者：ぼくマジで反省したのに（笑）
FY：座ります、（教員用のパイプ椅子が）どっかにいってて無いときあるもん
OH：座んねんけどな、人が座ってると腹立つねん、そういうもんや
FY：単なるわがままやん（笑）あんまり深く気にせんでええよ【IN二〇一九一一二九】

ここでOHが「座んねんけどな、人が座ってると腹立つねん」と語っているのは、ケイイチの椅子

を〈使用しないこと〉が通常の状態として学級成員間で意味づけられていることを示している。この通常の状態においては、医療的ケア児が所有する椅子は、その個人が所有する象徴的な道具として扱われ、他者による使用は所有権の侵害と解釈される。しかし同時に、「(教員用のパイプ椅子が)どっかにいってて無いときあるもん」という発言からは、特例的状況下では椅子を一時的に使用しても許容されるという理解が存在することが窺える。換言すれば、椅子の一時的使用が発生する際、その行為は単なる機能的必要性からのみでなく、当の椅子がケイイチによって〈所有されている〉という社会的了解を前提とする行為として遂行されるのである。

ここまで医療的ケア児であるケイイチの椅子の所有と使用の弁別をめぐって学校内の諸アクターが織りなす意味づけのありようを記述してきた。そこで提示されていたのは、ケイイチの椅子にケイイチ自身が特権的なアクセシビリティを有しているか否かが、他のクラスメイトとのメンバーシップの対称性を担保するための重要な賭金であるという理解可能性であった。教員らはまさにそうした規範を、上記の語りを通じて産出していたのである。

VI.「住まう場」としての学校空間

本章では、インクルーシブ教育の実践におけるモノや道具に着目することで、通常学校に在籍する医療的ケア児をめぐる相互行為の編成プロセスの一端を明らかにした。これらのモノは、単なる補助的な道具ではなく、学校空間で織りなされる相互行為を媒介し、その場に特有の社会的秩序を生成する契機として作用していたといえよう。インクルーシブ教育の実践が、いかにして「支援」や「特別扱い」という枠を超え、学校空間全体における共生のプロジェクトとして成立し得るのかを問うためには、こうしたモノや道具に着目するアプローチが欠かせない。そこで最後に、学校を「生活の場」として捉える視点を参照しながら、インクルーシブ教育実践の今後の方向性を見定めたい。

学校は、単に学習やしつけの場であるのみならず、そこに多くの時間を費やす子どもたちにとって、家庭に次ぐ「住まう場」であり「生活の場」である。四方（二〇〇九　iv）は、学校に「住まう」という視点について、「人々が学校のモノやコトとかかわる際、あらかじめそれらに対して付与されている教育的な意味づけを剝奪し、別の新たな意味を吹き込みながら各自各様にそれらと戯れること」と定義している。同著において倉石（二〇〇九）は、学校空間を構成するモノに焦点を当て、その日常世界を「住まう場所」として再定義することで、従来の学校語りにおいて看過されてきた、狭義の教育面以外の学校の性格を浮き彫りにした。学校は「勉強」や「しつけ」による統制を目的とする制度的空間であると同時に、そこに生きる子どもたちが「住まう」者として他者と関わりながら生活を営む場所である。この「住まう」という視点で学校現場の実践を捉えることは、教育実践に潜在する福祉的論理を浮かび上がらせ、その危うさが指摘される近年の教育と福祉の接近や連携のあり方についても再構成を促す契機をもたらし得る（倉石　二〇二〇、二〇二三）。

この「住まう」という視点は、浜田寿美男が指摘してきた学校空間内部における「生活的な関係」の重要性と響き合うものである。浜田（二〇〇三）は、学校は「子どもたちの育ちを統制（コントロール）する関係」を強化していくのではなく、「人と人とが学校という場で共に生き（共生あるいは共居）『生活』の内実を共有する」べきだと主張する。この問題提起は、学校現場における統制的関係を再考し、子どもたちの主体性と共同的関係を学校内活動の中心に据えるよう転換を促すものである。浜田自身が述べるように、これは市場経済社会における競争的な効率論に反するものとして一見時代遅れに見えるかもしれない。しかしこの指摘は、逆説的に、その競争社会が生み出した分断と排除を乗り越えるための「最も深い要請」として理解されるべきものである（浜田　二〇〇三：七）。

本章で取り組んだような、学校現場にある道具やモノの「それぞれの意味を与えられ、また存在を主張し、学校の日常の営みを深いところで規定しているかもしれない」（下橋　二〇〇〇：二一―三）側面を描く作業は、「生活の場」としての学校の日常世界を解明していく上で重要な示唆を与えるだろう。ケイイチの支援における道具使用の事例に見られるように、学校現場を満たす道具やモノは、単なる機能的役割を超えて、アクター間の共同的活動を可能にする媒介項として作用していた。たとえば、人工呼吸器やカニューレのようなケイイチの固有資源としての道具は、彼の身体的インペアメントを補完する特別な役割を持ちながらも、クラスメイトや教員との相互行為を通じて、その意味を拡張されていった。同時に、マジックペンや椅子のようにクラス全体で共通使用されるモノは、ケイイチと他の児童との間に共通する秩序の基盤を提供し、彼を他のクラスメイトと対称的な関係を結ぶクラス成員として位置づける役割を果たしていた。あらかじめ付与された機能的な意味を剥奪し、別の新たな意味を吹き込んだりするような道具やモノの使用の事例を見ていくことで判明するのは、学校空間が共通の基盤としての道具やモノによって、単なる教育の場ではなく「住まう」ための場として成立していた事実である。

こうした現実を踏まえるならば、これからのインクルーシブ教育実践は、個々の支援ニーズへの対応という限定的な枠組みを超えて、より大きな視座から「生活をともにする場」である学校を再構成するプロジェクトとして自己を定義していく必要があるだろう。本章で行った作業は、ケイイチとその周囲の人びとが道具やモノを媒介としながら生きる日常世界を記述することであった。この一連の作業は、学校空間に伏在する教育的論理を越えたいわば福祉的・ケア的論理の再評価であったともいえる。今回取り上げた事例は、「今の不自由」を「将来の自由」のために正当化するような従来の教育的ロジックそのものを問い直し、学校教育を「今の自由」を積極的に肯定する福祉的視点をも含み込むものへと転換するための示唆を私たちに与えるものである。

学校空間を道具やモノで満たされた「住まう場」「生活の場」として捉える視点は、教育的論理か福祉的論理かといった理論的分断を超えて、学校を「共に在る」ための場として再定義するための重要な契機を提示し得る。そうした観点を取り入れた経験的研究の蓄積によって、インクルーシブ教育実践の理論的深化と現場での実践的課題の架橋がはじめて可能になるだろう。

参考文献

植田嘉好子・三上史哲・松本優作・杉本明生・末光茂・笹川拓也、二〇二〇、「医療的ケア児とその家族へのインクルーシブな支援の実際と課題：保育所を利用する医療的ケア児のケーススタディから」『川崎医療福祉学会誌』三〇(一)：四七―五九.
上野直樹、一九九九、『仕事の中での学習：状況論的アプローチ』東京大学出版会.
岡本奈々子・小原成美・金泉志保美、二〇二四、「医療的ケア児の家族が就学に向けて経験した困難とニーズに関する調査」『日本小児看護学会誌』三三：一七七―一八四.
倉石一郎、二〇〇九、「学校に人は住まっているか」教育の境界研究会編、『むかし学校は豊かだった』阿吽社.
倉石一郎、二〇二〇、「学校は〈子どもが集まり勉強する場所〉なのか：コミュニティ、「装・食・住・癒」、居場所」岩下誠・三時眞貴子・倉石一郎・姉川雄大『問いからはじめる教育史』有斐閣.
倉石一郎、二〇二三、「教育の自画像としての〈福祉〉理解とその批判」佐久間亜紀・石井英真・丸山英樹・青木栄一・仁平典宏・濱中淳子・下司晶編『公教育を問い直す』世織書房.
佐藤貴宣、二〇二三、「インクルージョン実践への状況論的アプローチ：『コミュニティの相互的構成』と二つの生活形式」佐藤貴宣・栗田季佳編、『障害理解のリフレクション：行為と言葉が描く〈他者〉と共にある世界』ちとせプレス.
四方利明、二〇〇九、「はじめに」教育の境界研究会編『むかし学校は豊かだった』阿吽社.

下橋邦彦、二〇〇〇、「はじめに」教育解放研究会編、『学校のモノ語り』東方出版.
浜田寿美男、二〇〇三、「はじめに」浜田寿美男・小沢牧子・佐々木賢編『学校という場で人はどう生きているのか』北大路書房.

第4章

医療的ケアの必要な重度障がい者の学びのデザイン

引地達也
海老田大五朗

I．問題の所在と本章の課題

二〇二〇年から二〇二一年、新型コロナウイルス禍により社会全体でソーシャルディスタンスが推奨され、日本政府による緊急事態宣言時には対面しない「リモート対応」が半ば強制されるような雰囲気にもなり、各コミュニティが場所を共有せずともオンラインで仕事や学びの多くを機能させ、対面しない、物理的な空間を共有しないことでの利点や欠点を浮き彫りにした。その最中の二〇二一年三月、国会で「医療的ケア児及びその家族に対する支援に関する法律」が成立した。これは重度障がい者及びその関係者に画期的な法律と受け止められ、コロナ禍で変容する行動様式や政府方針と相まってコミュニケーションに困難のある障がい者のコミュニケーションの変容を促す可能性が指摘され[i]

ている。(ii)本章ではポストコロナに向けての新しい視点として「つながる」可能性を念頭に、これまで「つながれなかった」重度障がい者とその周辺の視点から社会状況を整理し現状を考察、重度障がい者への新しい学びをデザインしようとする実践を記述していく。

本章では、重度障がい者の定義と社会的位置づけを確認し、政府方針等の官製の動きを概観する。ミクロな視点として二人の重度障がい者に焦点を当ててこの間の変化を示した上で、引地は運営するみんなの大学校が重度障がい者向けに提供する「学び」のプログラム「音楽でつながろう」の実践を紹介する。ここから、周辺の声を参考にして当事者に近い視点を整理、コロナ禍により障がい者のコミュニケーションに関する境界線を導き出し、社会が求めるインクルーシブ社会に向けての課題を考えたい。

II. 重度障がい者の定義

1. 取り組みと研究する立場

社会全体が「共生」のイメージを共有しつつある現在、コロナ禍での分断を嘆く人びとがいる。社会から隔絶された形で支援を受ける立場になりがちな「重度障がい者」に焦点を当てると、一般の人が「新しい生活」との名のもとにリモートにおけるコミュニケーションが広く展開されている一方で、医療的ケアが必要なために自宅や病院から外出が困難な当事者は、外部とのコミュニケーションは訪問を受けるか、もしくはリモートによるものでしかありえなかった。そのため政府や自治体のリモートワークの推奨は、一部の当事者及び支援者にとっては自宅と社会・仕事をつなぐことで、社会との「障害」を乗り越えられる可能性として期待されている一方で、重度障がい者が一般のコミュニケーションと結びつかない要因にもなりえてしまう。

重度障がい者のコミュニケーションは個別の対応に委ねられ、分断に対応する融合に向けた取り組みはなされず、生命のリスクを理由に隔絶は進み、地域共生を目指していた福祉サービスの機運にも大きなダメージを与えた。特別支援学校卒業後の重度障がい者の「学び」に関する公的な福祉サービスは存在せず、各地域でのボランティアやＮＰＯ、任意での取り組みによる訪問型授業が行われているのが現状である。

二〇二〇年に引地が設立した「みんなの大学校」(iii)は任意の取り組みとして、文部科学省の委託研究を行い(iv)、一八歳以降の重度障がい者に訪問やオンラインで学びを提供している。ここのコンセプトは障がい者がその時代や状況に対応した適切なメディア教育を受けていないことで、「情報弱者」となり、一般社会とのコミュニケーションの分断、社会との隔絶を生んでいることを社会課題として、受講者に対しこの解決に向けた「メディア教育」を実践している。

重度障がい者がデバイスの発展、コミュニケーションツールの開発により、言葉を発しなくても対話を可能にするなど身体機能上の理由で一般的なコミュニケーションが困難な人が「できる」可能性が高まっているのにかかわらず、当事者は情報弱者のまま取り残されている。重度障がい者との日常的な対話から、コロナ禍によって強いられた生活の変化と、これまでの情報の「境界線」の変化はめまぐるしい。

この視点は社会が「生産」に向けて活動する中にあって、命を守ることを中心に動いてきた重度障がい者の周辺世界との隔たりの向こう側のものであり、コロナ禍による新しいつながりは、重度障がい者とそれ以外との新たな境界線ができたにすぎないのではないかとの思いは強い。本章の「デザイン」の視点には、これまでの重症心身障がい者がこれまでの健常者を中心としたコミュニケーション世界から、メディア機能を介して、新しいコミュニケーション環境を生み出し、そこに学習機能をも定着させるという期待が込められている。

2. 重度障がい者分類

重度障がい者は、日常生活が困難であり日常的に医療的ケアが必要な状況にある障がい者のことを指すが、本章は「大島分類(v)」による「重症心身障害」を中心に考える。これは、重度の肢体不自由と重度の知的障害とが重複した状態であり、行政上の措置を行うための定義である。国が明確な判定基準を示していない中での一般的な分類である。日本の重症心身障がい児者は約四万三〇〇〇人と推定

運動機能	走れる	歩ける	歩行障害	座れる	寝たきり	IQ
	21	22	23	24	25	80
	20	13	14	15	16	70
	19	12	7	8	9	50
	18	11	6	3	4	35
	17	10	5	2	1	20 / 0

表4－1　大島分類での重症心身障がい児者

されており、[vi]この数は現在増加傾向で医学・医療の進歩充実により、超低出生体重児や重症仮死産などが減少したことが大きな要因と考えられている。

表4－1は大島分類での重症心身障害児者を示したもので、太枠範囲のものが本章の対象者の中心となるが、ＩＱが八〇程度あるものの身体が動かない方も、本章の重度障がい者に一部加えている。大きな特徴を以下、社会福祉法人全国重症心身障害児（者）を守る会の資料を参考にまとめる（**表4－2**）。

これらの条件を前提にした重症心身障害者は社会で生きる上で困難が伴うことは当然であるが、その基本であるコミュニケーションも一般的なやりとりには介護者もしくは支援者、デバイスがなければ困難だ。

3．医療的ケア児法の制定

この重症心身障害者の中には生きていくために日常的な医療的ケアと医療機器[vii]が必要な児童である医療的ケア児も含まれているが、二〇二一年六月に「医療的ケア児及びその家族に対する支援に関する法律」が制定され

姿勢	寝たままで自力では起き上がれないケースが多い。
移動	自力では困難、寝返りも困難、座位での移動、車椅子など必須。
排泄	全介助。7 割以上が「知らせることが不可」「始末不可」
食事	自力では不可。誤嚥（食物が気管に入ってしまう）を起こしやすい。きざみ食、流動食が多い。
変形・拘縮	手、足が変形または拘縮、側彎や胸郭の変形を伴う人が多い。
筋緊張	極度に筋肉が緊張し、思うように手足を動かすことができない。
コミュニケーション	言語理解・意思伝達が困難、表現力は弱いが、笑顔で応える。
健康	肺炎・気管支炎を起こしやすく、70％以上の人がてんかん発作を持つ。痰の吸引が必要な人が多い。

表 4－2　重症心身障害児者の特徴

出所）社会福祉法人全国重症心身障害児（者）を守る会のホームページから引地が編集・作成

た背景には、医療技術の進歩に伴う医療的ケア児の増加がある。「在宅の医療的ケア児の推計値（0－一九歳）」は二〇〇五年の九九八七人から二〇一九年に二〇一五五人の二倍以上に増加しており、[viii] 医療的ケア児の心身の状況に応じた適切な支援が課題となる中で、同法は以下、五つの基本理念を示し、国や自治体への責務を課した。

一　医療的ケア児の日常生活・社会生活を社会全体で支援

二　個々の医療的ケア児の状況に応じ、切れ目なく行われる支援

三　医療的ケア児でなくなった後にも配慮した支援

四　医療的ケア児と保護者の意思を最大限に尊重した施策
五　居住地域にかかわらず等しく適切な支援を受けられる施策

その上で国や自治体には「医療的ケア児が在籍する保育所、学校等に対する支援」「医療的ケア児及び家族の日常生活における支援」「相談体制の整備」「情報の共有の促進」等の支援措置を促し、都道府県には「医療的ケア児支援センター」の設置を求めている。

この法律は医療の発展によって医療的ケアが必要な児童に焦点を当てた法律であるが、いずれ児童は成人になる。切れ目ない支援の中で成人になった医療的ケア者への新しい制度やサービスが必要となる可能性は高い。すでに基本理念の三で「医療的ケア児でなくなった後も配慮した支援」の中には成人後の対応も含まれていると考えれば、今後の法的なアプローチの議論も進むと思われる。

この重度障がい者及び医療的ケア児については、支援者がいなければ社会とのコミュニケーションは成立しないことから、支援者や家族が当事者の考えや意見を汲みながら、もしくは状況を知った上で、その考えや状況を整理し外部に説明する等の手順が必要で、媒介者の存在も必須である。当事者同士の直接的なコミュニケーションが難しく、直接的に人のネットワークを築きにくい状況で、それゆえコミュニティも形成されない。形成されるのは媒介者による支援コミュニティである。これがコロナ禍までの重度障がい者及び医療的ケア児者が、関係を取り結ぶことのできる唯一の社会とのコミユニケーションの場であった。

この法律の制定には医療的ケア児やその保護者を支援する団体が関係者の要望を集め、媒介したコミュニケーションにより要望をまとまった言葉、具体的な施策案として政府に要求したことが、成立に大きく影響した。

Ⅲ．社会的な位置づけ

1．「誰一人取り残さない」方針―白書から

社会は「普通」「一般」とされる健常者を中心に考えられ、その仕組みがデザインされてきた。コミュニケーション行為においても健常者にとって最適で簡易的な方法が生み出され定着し、進化を繰り返している。二〇二一年のスマートフォンの普及率は九五％以上である。[ix] コミュニケーションの手法そのものも、スマートフォンの利用という前提のもとで変化し続けている。[x] 社会のニーズに合致したスマートフォンはいまや生活必需品となり、若者世代ではコミュニケーションツールとして、スマートフォンなしではコミュニティに入ることも難しい。一般的に「誰もが」スマートフォンを使ってコミュニケーションを可能とするという認識の中で、この「誰もが」に入れないのが、知的障がい者、重度身体障がいを伴う場合は特に、支援者の介助が必要であり、このコミュニケーションツールの発

展は、重症心身障がい者を「排除する」事態を導いている側面もある。

総務省の『令和三年版情報白書』は「『誰一人取り残さない』デジタル化の実現に向けて」を章立てし、「誰一人取り残さない」を強調した。この中でデジタル化の必要な取り組みとして「①利用者である国民のデジタル活用の促進」「②供給者である民間企業・公的分野におけるデジタル化の推進」「③デジタル社会の共通基盤の構築」を挙げた。特に障がい者からの視点で重要な①は、白書では「地理的・経済的・身体的制約の有無にかかわらず、あらゆる人や団体が必要な時に必要なだけデジタルを利用できる環境（アクセシビリティ）を確保することが必要」[xi]と明記している。

我が国において「誰一人取り残さない」デジタル化を進めることで、コロナ後に求められる社会像を実現するには、デジタルを単に「感染拡大防止などの有事における有効手段」として評価するのでなく、デジタル化によるそれ以外の本来の価値を見出し、社会全体で共有することが必要である。[xii]

コロナ禍を背景にしたデジタル化の推進とともに「誰一人取り残さない」の強調は、これまで「取り残された」障がい者にとっては希望となる。後段で示された「それ以外の本来の価値」は何を指すのかは今後の議論の行方によるが、一般の人には見えづらい重度障がい者からの視点も必要と思われる。

2. 医療と福祉の境界線

社会の「一般的な」コミュニケーションから排除される可能性のある重症心身障がい児者にとって、社会との接点の多くは「支援」である。支援には家族をはじめボランティアや仲間などの思いから成り立つ任意的な支援と公的サービスによる支援があるが、福祉領域では後者を支援と捉える。公的サービスの基本的な考えは障害者総合支援法が明示する。その理念には障害の有無に関係なく、共生社会を実現し、誰でも社会参加の機会を確保する、[xiii]とある。したがって福祉サービスによる支援は目的である社会参加の機会を確保するためのプロセスではあるが、重症心身障がい者はその重症性ゆえに社会参加が困難であり、支援そのものが社会参加と位置づけられてしまう。家族というコアな関係性から外に出る場合にはまずは支援があり、支援も家族とともに命を守ることを最優先にしているため、外向きの社会ではなく内向きの自分というベクトルが関係性の基本となってくる。このベクトルは命を守るための医療に接近することになり、結果的に医療従事者以外の他者が自由に往来する社会とは離れる傾向にある。

重症心身障がい者と社会とのコミュニケーションの「境界線」は家族を中心とした内部にしかなかった。このままでは社会参加をうたう支援法の理念が達成できないだけではなく、重症心身障がい者が取り残されたままの状態で、永遠にインクルージョン・ダイバーシティ社会は実現しないであろう。次節では、この認識の上でコミュニケーションの環境整備を実践する、みんなの大学校の重度障がい者向けの講義を記述する。

Ⅳ．オンラインでつながる講義の実践

1．「音楽でつながろう」の仕組み

一般社団法人みんなの大学校は、「学びで君が花開く」をキャッチフレーズに、新型コロナウイルス禍を受けて「障がいにより情報弱者になる可能性のある方にも学びの提供をする」を念頭に設立した。重度障がい者だけではなく引きこもりの方向けの講義や全国の知的障がい者向けの学びの場をつないでの講義をオンラインで実施した（この詳細は第5章を参照のこと）。大学に倣って前期四―七月、後期一〇―翌年一月までとし、前期と後期でそれぞれ一五回の講義を実施している。講義時間は、受講者が福祉支援を受けている、体力や集中力の持続性などへの対応から五〇分を設定している。重度障がい者向けの講義「音楽でつながろう」（**写真4―1**）[xiv]は毎週、引地が進行し、プロのアーティストを講師に招いて全国各地の通所施設や医療機関、自宅をつなぎ、一緒に音楽を知り体感し合奏するプログラムで、二〇二四年度は毎回五〇～七〇人の受講生でにぎわう。事業所単位や個人などさまざまな参加形態がある（**写真4―2**）。二〇二二年度は講義をきっかけに受講者の言葉を歌詞にした歌曲「はっぴいそんぐ」も完成した。

コロナ禍を受けてオンライン講義が一般社会に浸透する中で、講ずる側と受講者の関係性を固定化するスタイルが最もスムーズであるとの認識が広まっているが、ここでは「双方向性」を重視した講義を行っている。同じ時間に集まるという「同時間性」と、各地とのやりとりを通じての交流という「双方向性」を確認しながらの進行を心がけている。各地とのやりとりを保証するのが、よびかけと応答、そしてミュージシャンとの合奏である。合奏は、各参加者が鈴やタンバリン、マラカス、重症

写真 4－1　「おんがくでつながろう」講義の案内チラシ

出所）筆者撮影

写真 4－2　オンライン講義でのギャラリー画面

出所）筆者撮影

心身障がい者の中では指先だけが動く、視線入力でパソコンを動かすなどを通じて、パソコンを介しての楽器を奏でる人もいる。体が活発に動かせる人は独特のダンスで合奏を楽しみにするなど、これらの楽器で音を交流させて踊りによる身体表現で、合奏を通じて受講者の参加と学びを確認するのが定着している。

2. 実施のポイント

次の実施のポイントは、実施当初は理念的な考えを示していたものであったが、実施することで必然性と有用性が確認され、現在では実施にあたって必須となった。これらのポイントは、重症心身障がい者向け以外の講義を担当する講師にもみんなの大学校の基本的な考え方として留意していただいている。

ポイント1　同時間性の確保

ユーチューブ等、インターネット上で提供されるエンターテイメントコンテンツや学習コンテンツの基本は「見たいものを見る」便利性が優先されており、必要な時に必要な提供を受けることができるが、「一緒に」「今、ここに」を共有することはない。重度障がい者にとって、外との接触や社会とのコミュニケーションをするにあたり、重要なのは同じ時間を誰かと共有し、それを形にすることである。そのため、講義では決まった時間にオンライン上で集まり、同じ時間に、それぞれの場所どうしがつながり、音楽を通じてコミュニケーションを行き来する実感が学びの基本と考えている。

ポイント2　双方向性の確保

オンライン上で「自分」「所属している事業所」という「私（たち）の」アイデンティティを発揮し、他者とやりとりすることは、個性を発揮する機会として重要である。そのため、進行役は参加者の名前や参加事業所の名前、所在地を口にすることで、多様な参加者がそこにいることを認識させながら進行している。同時に意見や感想を述べてもらい、その声を決して「流さない」ことで、発言してもよい安心感を醸成している。

毎月一度は、定期的に講義をするピアノデュオのサーム（歌・濱野崇、ピアノ・笹木健吾）が、当月の誕生日の人の名前を聞き、ハッピーバースデイソングの中に個別の名前を歌詞に入れて歌う企画も定着している。歌詞は「○○さんに出会えてよかった。今日はあなたのためだけに歌うよ。ハッピーバースデイ・トゥー・ユー！♪」となっている。

ポイント3　それぞれの「理解」がかけがえのない学び

この「学び」は、学習として点数化して評価をするものではなく、さまざまな重度障がい者が音楽を通じ、それぞれのコミュニケーション方法でつながり、反応することで成立する、との考えで行われている。講師と受講者の相互コミュニケーションの開通によって、受講者が何らかの反応が示せれば、障がいの特性によるものの、多くの方が一〇〇点の評価を得ることができる。このとき重要な道具が重症心身障がい者に装着されている生命維持装置である。この医療機器によって自らの意思を身体動作によって表明することができない重症心身障がい者の身体からでも、「何らかの反応」を測定することが可能になるからだ。またその評価は周囲の家族や支援者がすることで、評価が現実化し、それを「理解」の第一歩だと考え、「学び」が成立する。

ポイント4　次のステップを共有

同時間性を意識しながら、未来も一緒にいることを意識し、学びの進展を共有することも重要である。来週の予定、今回のリクエストがいつ反映されるかなど、同時間に多くの地域とつながっている、との意識とともにこの後も学びがつながっていることを進行役は口にしながら、未来を約束している。また、希望者には学期に実施される一五回の講義の受講に対し単位を授与することを説明し、「つながっている」講義を受け続けることで、証しが得られることも説明している。

V．コロナ禍を受けての変化—当事者に起こった変化

1．リモートを奨励する社会

産業面でのリモート業務の推進はコロナ前から政府により推奨されており、二〇一六年度に総務省、厚生労働省、経済産業省、国土交通省による関係府省連絡会議で議論し二〇一九年に「世界最先端デ

ジタル国家創造宣言・官民データ活用推進基本計画」で政府目標を提示した。その必要性がさらに高まり、普及するのが新型コロナウイルス対応によってであった。総務省の『情報通信白書』(二〇二〇)は新型コロナウイルスの社会的影響を検討し、「Before Corona」を「デジタル基盤整備及びデジタル技術活用によりデジタル・トランスフォーメーションを推し進め産業の効率化や高付加価値化を目指してきた」と総括し、「With Corona」では「人の生命保護を前提にサイバー空間とリアル空間が完全に同期する社会へと向かう不可逆的な進化が新たな価値を創出」と変化したと明記した。同白書ではコロナウイルスが与える影響として以下3点を挙げた。

・新たな生活様式への移行が求められている
・企業におけるテレワークの導入、行政とシビックテック、民間企業との連携による人との接触リスクの可視化、学校での遠隔授業、遠隔医療の要件緩和などICTによる対面によらない生活様式への取り組みが一気に拡大
・ICTの活用によるトラフィックの増加、セキュリティリスクへの対応不足、電子契約への移行等の業務内容の見直しの必要性、公衆衛生とパーソナルデータ活用のバランス等の課題が顕在化してきており、その解決の取り組みを推進していく必要がある

右記の影響は一般社会、とりわけ企業活動において当然と思われるが、この「社会」の変化による影響を二人の重症心身障がい者に焦点を当てて考察する。

2. リモートでつながる重度障がい者事例

以下の東京都と埼玉県に在住する二人の重症心身障がい者は、コロナ禍以前から任意的支援の中で学習機会の提供を受け、「学び」をキーワードにテレワークの推進とともに「リモートでつながる」ことでコミュニケーションを成立させた。なお、本書への掲載にあたり、本人および家族には本原稿を直接確認いただき、掲載の許諾を得ている。

事例1　東京都在住男性、KIさん

ＫＩさんは一九九四年生まれ。〇歳児から脊髄性筋萎縮症（ウェルドニッヒ・ホフマンI型）と診断された。発話や身体を動かすことはできない。人工呼吸やたんの吸引が必要で食事は経管による栄養摂取である。医療機関での生活の中で七歳からパソコンでのコミュニケーションを開始し、特別支援学校中等部二年時に在宅生活が基本となった。特別支援学校高等部卒業後は東京都小平市の非営利活動法人による訪問学習支援を受け、さらに二〇一九年からシャローム大学校（後のみんなの大学校）の授業を週に一回受講し始めた。ＫＩさんは左肩の筋肉を動かすことができるため、肩に接触したエ

写真4−3　ＫＩさんの外部とのコミュニケーションの様子

アパッドの感知機能を利用しパソコン画面上のカーソルを動かし、「伝の心」[xv]を使って文字盤をカーソルで移動しクリックして入力し文章化する。その文章を発声に変換し会話をする形でコミュニケーションを行う[xvi]。

ＫＩさんの学びの要望は世界や社会、歴史の勉強で、コロナ禍を受けて自宅への訪問ができなくなったことからオンラインでの講義に切り替えた。その上で「オンラインの可能性」へのイメージを保護者や周囲の支援者と共有し、就労系の福祉サービスである就労継続支援Ｂ型事業でリモートによる「仕事」に従事することを行政に提案し、居住地自治体のレベルでは就労継続支援Ｂ型事業のサービス提供を認める方向であったが、東京都福祉保健局はコロナ禍における臨時的措置との見解の上で認定した。

ＫＩさんが福祉サービスによる「就労」を開始したことで、社会との関わり合いが広がり、リモート参加の行事も増えた。コロナ禍後は、地域の活動を家族とともに企画運営し、そのためにコミュニケーションするべき人も増えており、ＫＩさんの存在そのものが確実に外の世界に向かい始めた。

事例2　埼玉県在住男性、ＹＭさん

ＹＭさんは二〇〇〇年、早産、低体重で産まれ、乳児の際にけいれん発作を起こした。低酸素脳症が代表的な病名で人工呼吸器を付けて二四時間の看護が必要である。小学校六年から訪問学級となり特別支援学校高等部を卒業した。卒業後は医療施設付帯の通所サービスを利用しながら、自宅で訪問看護や入浴サービスを受けている。身体を動かすことも発話も不可能で視力もない。家族や支援者がその表情の変化や脈拍などから状態を探り、必要なことを言葉にして伝えるコミュニケーションを行っている。訪問看護の福祉サービス事業所に特別支援学校時に担当だった教諭が教員を辞して転職したことから、訪問看護で学びを取り入れる方針とし「みんなの大学校」に要望が出され、週一回の訪問授業が始まった。

当初は通所する医療施設で講師が訪問し授業する予定で現場の看護師らも受講をきっかけに院内に「学び」による社会との接点が増えていくのを喜んでいたが、コロナ禍により感染リスクの高い重度疾患者向けの医療施設に外部からの入場が禁止されたことで授業が成り立たなくなった。さらに自宅訪問も感染症のリスクから自粛する必要があり、コミュニケーションは遮断された状態となった。この中で訪問看護の支援を受けながらパソコン環境を整備し、二〇二〇年から訪問看護のスタッフがボランティアの形で関わり、ＹＭさんは就労継続支援Ｂ型事業所の利用者として、在宅で外部とＺＯＯＭを使ってコミュニケーションを取りながら創作活動を週に二度、二時間ずつ行う活動をスタートさ

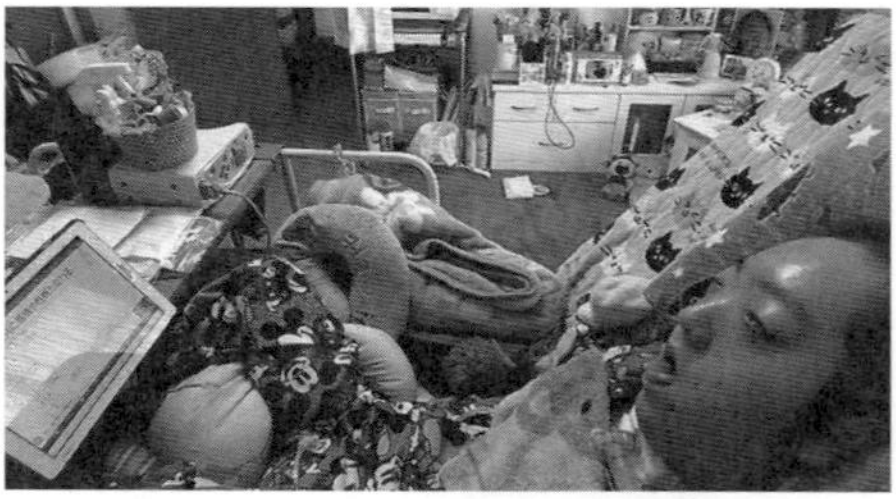

写真４－４　ＹＭさんの外部とのコミュニケーションの様子

せた。

コロナ禍により、リモートでつながる就労継続支援の受給決定[xvii]は画期的であり新しい社会参加を可能にした。この活動は青森大学の教員の目にとまり、この教員のゼミ学生とのオンライン交流につながった。青森大学でぬいぐるみと観光名所を一緒に写真に収める「ぬい撮り」サークル所属の学生の提案で、ＹＭさんの枕元にあるぬいぐるみをＹＭさんの代わりとして青森を旅し、写真に撮って報告する企画が立ち上がった。青森に送ったそのぬいぐるみと青森の観光名所の写真をオンラインで披露するなどの交流は、ＮＨＫ青森放送局の取材により２０２１年1月、同局のローカルニュースとしても取り上げられた。

これはオンラインでのコミュニケーションの可能性を模索した上で周囲の支援者が実践し、その動きに反応した人たちがつながり、社会参加への窓が開かれた事例であろう。

これら二人の事例は、オンラインでのコミュニケーションを可能にすることで、重症心身障がい者の社会参加の機会が増えることを示している。この新しいコミュニケーションがすべての障がい者に届くのが、インクルーシブ社会の理想と思われるが、当事者や関係者にはいくつかの現実的な課題がある。以下は簡易的なアンケート及び聞き取り調査で現状を聞いたものである。

3．当事者と関係者の声

コロナ禍による重症心身障がい者のコミュニケーションの変化についての当事者や関係者へのアンケートをもとにしたインタビュー(xviii)の回答者は一九人であり、量的な調査にはならないものの、それぞれの声は障がい者とともに暮らしたり、長年活動している中から抽出した言葉として受け止めることができよう。

回答を概観すると、社会におけるコロナ禍によるコミュニケーション環境の変化は重症心身障がい者を取り巻く世界では、「悪い変化」「よい変化」の二つの見方があることが示された。コミュニケーション機会についても「増えた」「減った」の両方の見方があるものの、概ねリモート社会の後押しやオンラインでの交流の中での余波を受けている印象である。しかし回答者は本調査とつながれる、「表に出ている」人ともいえる。引地の周囲にもパソコン等のデバイスを不所持、福祉サービスの前向きな利用をしていないなど、「表に出ていない」重症心身障がい者も少なくないことから、重症心身障がい者の多くの方々にとってはリモートにおけるコミュニケーションが活発化した社会の中で、取り残されている可能性は高いままと想像する。

さらにコメントで、ＫＩさんの母親は「現在、障がい者のためのコミュニケーション機器が開発されていますが、操作が複雑であったり、設置に制限があったり、環境の問題で外では使用できなかったりと使い勝手がわるく、介護をする親が諦めてしまう事が多々あります」との現実的な障壁が示され、別の母親は「重症心身障がい者の息子は言葉を話せませんが、ゆっくり発達しています。思いを伝える感情が豊かになっていると感じています。それをコミュニケーションと結びつけられたら本人の意思が生かされるのではと思いますがなかなか難しいです。生活介護事業所でコミュニケーション支援を求めるのは専門知識や人材不足等で厳しいと感じます。重症心身障がい者のコミュニケーションの必要性が理解されて支援が広がればうれしいですが、支援者が身近にいない、支援ツールの活用が出来る環境がないなど親だけでは難しい」と書いた。一方でほかの親は「コミュニケーションを取るのが一番難しいと思われる方々のコミュニケーションの取り方が標準になれば、世界中どんな人たちとも繋がれると思う」との希望を示した。

これらのコメントを概観すると、重症心身障がい者に関係する人の中でも、積極的に社会に関わっていくタイプの方々からはコミュニケーションの必要性は強く示されてはいるものの、意思表出が難しい、支援者が周辺にいない、デバイスがない等の環境の不整備を理由にしながら、全体として「コミュニケーションができる現在そして未来」が描き切れていない実態が浮かび上がる。

Ⅵ．「誰一人取り残さない」社会への道筋

コロナ禍のメディアは専門家が感染の注意を呼びかけ、東京都は三密回避を連呼し、それらは社会からの要請として人びとは呼応し、リモートワークはビジネス社会で浸透してきた。コロナ禍によるビジネス上の日常の変化は支援の世界にも及び、支援対象者にもコミュニケーションの変化を促し、重度ではない障がい者へのリモート支援にもつながったといえよう。精神疾患者においては、その特性とコロナ感染の恐怖がつながり、外出できずリモートによる支援になった事例も少なくはない。同時に通所してサービスを受けるのが前提とされる福祉サービスでも、リモートでの支援を「コロナ禍による特例」として時限的に認めるケースも増加した（たとえば海老田　二〇二〇など）。東京都では福祉サービスの事業所の運営規程に在宅支援の文言を盛り込むことで恒久的なサービスの一部と位置づけられた。障がい特性に応じて対応できるコミュニケーションツールを使って支援が成り立つ、支援の幅が広がるのは当事者にとって選択肢や可能性が広がるよい変化であろう。

この流れは同時に「医療サービス」に置かれて生命を確保することを優先してきた環境から、生命を維持しながら、その時のできる範囲で周囲や社会とのコミュニケーションを成り立たせ、個々の生きる可能性を広げることにつながる。重症心身障がい者のコミュニケーションの「境界線」は医療サービスから少しずつ福祉サービスや家族や周囲、関係者らとの「自然な」形に向かってはいるが、それ

はコミュニケーションの境界線を意識的に変えようとする支援者が近くにいることが必須である。この支援者の存在によって最終的に向かいたい社会とのコミュニケーションまで行きつけるかが決まる構造といえよう。

この構図を示したのが、**図4－1**の概念図である。医療から福祉、社会の流れは政府や社会の方向性として左から右へと向かっている中で、コロナ禍でのコミュニケーションの変容はこの流れを後押しし、「境界線」は社会に近づきつつあるが、未だに医療寄りの福祉の中にあり、さらには支援者がいてこそ、医療から福祉の範囲にいられる状況でないかと考えられる。

さらに前述のアンケートを踏まえ福祉領域の中で重症心身障がい者のコミュニケーションを活性化、社会との境界線を変化させていくには次の要素が必要である。

一　家族もしくは頻繁に寄り添う支援者が変化するコ

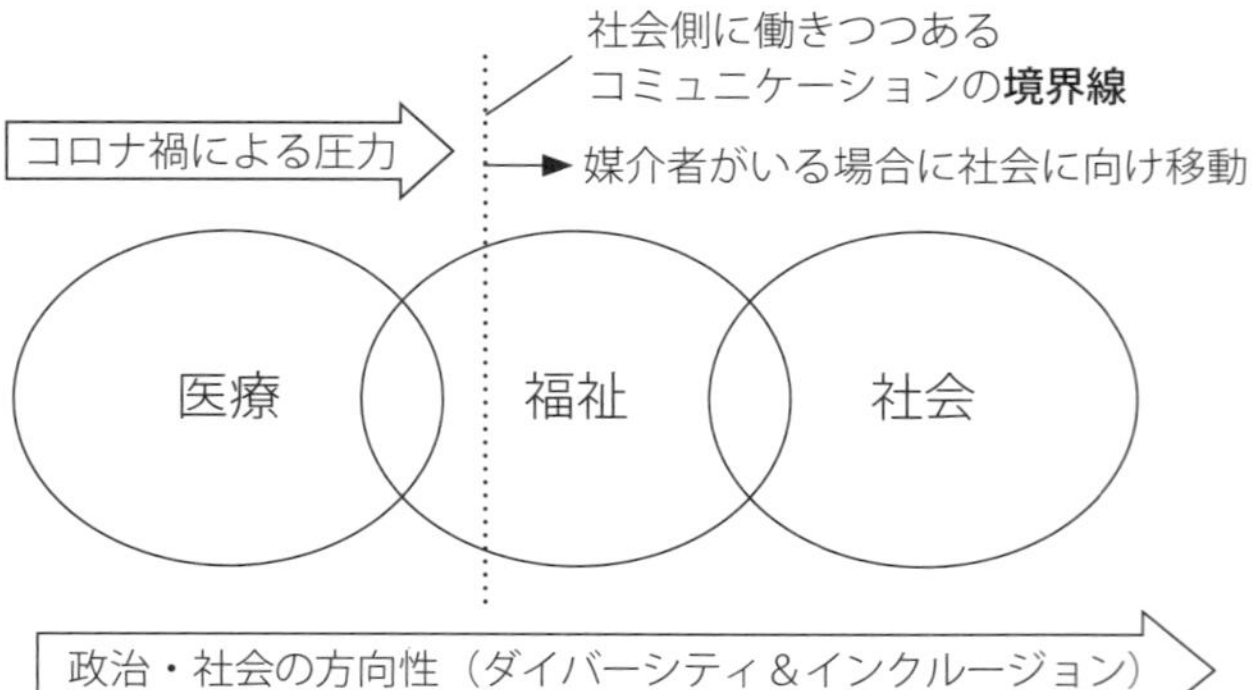

図4－1　重度障がい者の「コミュニケーションの境界線」の概念図
出所）筆者作成

ミュニケーションへの対応力があること

二　適切なコミュニケーションに対応する複数の接続先があること

三　家族や支援方針を決定できる人がコミュニケーションの可能性を信じていること

四　パソコン等のコミュニケーションを成り立たせるメディア機器が周囲に完備されていること

これらの環境は社会がその必要性を認識し制度化され、常識化することで成り立つ。しかしながら、右記三に象徴されているように、重症心身障がい者のコミュニケーションを大きな可能性として信じる素地がこの社会にはほとんど無い。みんなの大学校における重度障がい者向けの学びの提供の実践は、それは社会に向けた新しい学び方をデザインしていく取り組みでもある。

さらにアバターの活用による遠隔操作のカフェの出現で、新しいコミュニケーションがメディアによって可視化された。メタバースの話題性やVRの市場での浸透で、これら表面化した新しいコミュニケーションは実体験と結びつき、これまでコミュニケーションをとれなかった人が、「健常者」と「普通に」コミュニケーションできる環境も静かに開かれつつある。

注

（ⅰ）本章では「害」が人に付くことでのネガティブなイメージを避けるために、人を示す際には「障がい」を使用し、法律の名称等、固有名詞や一般用語の場合は「障害」を使用することとする。またアンケート回答については回答者の表記をそのまま使用する。

（ⅱ）重度障がい者の学習支援に取り組むＮＰＯ法人地域ケアさぽーと研究所（東京都小平市）の飯野順子理事長、下川和洋理事ら関係者の見解や発言から表現した。

（ⅲ）支援が必要な方に向けて学びをウエブ上で提供する一般社団法人。二〇二〇年四月設立。

（ⅳ）二〇二一年度文部科学省「学校卒業後における障害者の学びの支援に関する実践研究」事業中の「障害者の生涯学習に向けたウエブ利用の展開と重度障がい者向けの学習支援」採択。

（ⅴ）元東京都立府中療育センター院長、大島一良氏が一九七一年に発表した分類方法。

（ⅵ）社会福祉法人全国重症心身障害児（者）を守る会〈https://www.normanet.ne.jp/~ww100092/network/inochi/page1.html〉及び厚生労働省障害福祉サービス等報酬改定検討チーム作成資料（二〇二〇年一〇月五日）

（ⅶ）例として気管切開部の管理、人工呼吸器の管理、吸引、在宅酸素療法、胃瘻・腸瘻・胃管からの経管栄養、中心静脈栄養等がある。

（ⅷ）厚生労働省科学研究費補助金障害者政策総合研究事業「医療的ケア児に対する実態調査と医療・福祉・保険・教育等の連携に関する研究（田村班）」の協力のもと厚生労働省障害児・発達障害者支援室で作成した資料による
（ⅸ）総務省「通信利用動向調査」

（ⅹ）佐藤俊樹（一九九六）は七〇年代初頭に姿を現した技術は、八〇年代後半の情報化技術に話題になった「ダウンサイジング」「ネットワーク」「マルチメディア」だと紹介し、すでに一九六九年にアラン・ケイが、個人が手軽に操作できる携帯型コンピュータ「ダイナブック」を提唱したことに触れた。個人所有のアイパッドやスマートフォンは夢にも出てこない時期、個人にコンピュータが普及し始めた頃で、佐藤はこの情報化技術の実現予測を日本の科学技術庁は見誤ったと指摘し、次のように論じている。「技術予測が成功するかどうかは、技術普及予測が成功するかどうかにかかわってくるのである。問題はこの技術普及予測の中身である、技術普及予測というのは、社会のニーズについての予測である。つまり、この予測の本当の対象は技術ではなく、社会なのだ。」(佐藤　一九九六：四八)

(xi) 総務省「『誰一人取り残さない』デジタル化の実現に向けて」『情報白書令和三年度版』(総務省　二〇二一)

(xii) 前掲書(総務省　二四〇)

(xiii) 障害者総合支援法第一条の二：障害者及び障害児が日常生活又は社会生活を営むための支援は、全ての国民が、障害の有無にかかわらず、等しく基本的人権を享有するかけがえのない個人として尊重されるものであるという理念にのっとり、全ての国民が、障害の有無によって分け隔てられることなく、相互に人格と個性を尊重し合いながら共生する社会を実現するため、全ての障害者及び障害児が可能な限りその身近な場所において必要な日常生活又は社会生活を営むための支援を受けられることにより社会参加の機会が確保されること。(以下省略)

(xiv) 参加希望の事業所にこの**写真4―1**のｐｄｆをデータで送り、参加する際にはメールで連絡をいただき、個人情報保護を確保するために事業所に講義で個人情報をやりとりすることがある旨説明している。

(xv) 日立ケーイーシステムズのセンサーを使用し、身体の一部をわずかに動かすだけで、文字を入力して自分の気持ちを言葉にできる意思伝達装置。

(xvi) 家族とのコミュニケーションは透明の文字盤で目線と指差し確認で行っている。

(xvii) 受給決定は埼玉県川越市。

(xviii) 期間は二〇二二年一―二月。質問項目は次のとおりである。「Q1　回答者の重度障がい者との関わり」「Q2　新型コロナウイルスによりリモートワークが提唱される中で、重度障がい者の方のコミュニケーションは変化がありましたか?」「Q3　その変化は当事者にとって良い変化ですか?　悪い変化ですか?」「Q4　理由を具体的に教えてください」「Q5　新型コロナウイルスの影響でリモートのコミュニケーションが奨励される社会において、当事者がリモートで外部とつながる機会は増えましたか?　もしくは減りましたか?」「Q6　回答の具体例を教えてください」「Q7　重度障がいのある方が社会とのコミュニケーションは充実していると思いますか」「Q8　重度障がい者の方が社会とのコミュニケーションが充実している状況になった理由は何だとお考えでしょうか」「Q9　重度障がい者の方が社会とのコミュニケーションが充実していない理由は何だとお考えでしょうか」「Q10　重度障がい者の社会とのコミュニケーションについてご意見などあればご自由にお書きください」

参考文献

海老田大五朗、二〇二〇、「COVID-19の影響と障害者就労支援のデザイン」『看護研究』五三(五)：四一一―四一七.

小川公代、二〇〇七、『ケアの倫理とエンパワメント』講談社.

ゴッフマン・アーヴィング著、石黒毅訳、二〇一六、『スティグマの社会学　烙印を押されたアイデンティティ』せりか書房.
佐藤俊樹、一九九六、『ノイマンの夢・近代の欲望』講談社.
スロート・マイケル著、早川正祐・松田一郎訳、二〇二一、『ケアの倫理と共感』勁草書房.
野矢茂樹、二〇一二、『心と他者』中央公論新社.
引地達也、二〇二〇、『ケアメディア論：孤立化した時代を「つなぐ」志向』ラグーナ出版.
ブルジェール・フェビエンヌ著、原山哲・山下りえ子訳、二〇一四、『ケアの倫理—ネオリベラリズムへの反論』白水社.
マクルーハン・M著、栗原裕・河本仲聖訳、一九八七、『メディア論』みすず書房.
モーガン・ピーター・スコット著、藤田美菜子訳、二〇二一、『ネオ・ヒューマン　究極の自由を得る未来』東洋経済新報社.

Ellis, Katie, and Kent, Mike, 2011. *Disability and New Media*, Routledge.
Pratesi, Alessandro, 2018. *Doing Care, Doing citizenship - Towards a micro-situated and emotion-based model of social inclusion*, Palgrave.
Riley II, Charles, 2005. *A Disability and the Media-Prescriptions for Change*, University press of New England.

第5章　Zoomなどを利用して複数の事業所をつなぐ遠隔授業

引地達也
海老田大五朗

Ⅰ．本章の目的

本章の共同執筆の一人である引地は、障害者支援におけるメディア使用について独自の研究（引地二〇一九、二〇二〇a、二〇二〇b）を進めており、同時にその実践もしている。これらの事情を踏まえ、筆者らは本研究の目的を、引地が代表を務めるみんなの大学校（前身はシャローム大学校）の教育実践を、マクルーハンのメディア論を援用しながら記述することに設定する。とりわけシャローム大学校とみんなの大学校のメディア教育とメディア利用に着目し、そこに障害者福祉におけるデザイン概念（海老田　二〇二〇a）との接点を見出すことが主な目的である。本研究を特徴づける前提的見解は次のようにまとめることができる。

国は発達障害者や知的障害者の企業への就労を促進するため、企業に障害者の雇用を義務付ける法定雇用率を引き上げ、福祉サービスとして就労移行支援事業を後押ししてきた。一般就労という社会で過ごす障害者が普通にコミュニケーション行為を行き交わすなかにあって、各種のメディアを使ってのコミュニケーションは活発になる一方で、仕事や私生活で重要なコミュニケーションツールとしての「メディア」の位置づけは曖昧のままである。発達障害者や知的障害者＝情報弱者として、「メディア」の扱いに関するトラブルも散見される。後期中等教育段階で教育する側が「メディア」を正確に捉えきれず、教育される側が適切なメディア教育を受ける機会のないまま社会に出た場合、障害者は現実的にはスマートフォンを保持、インターネットを利用するなどの「メディア」を使いつつも、その複雑な実態を知らないため、「メディア」に翻弄されることになる。

そこで本章では、マクルーハン（一九八七＝二〇〇一）による「メディアは人間の拡張機能である」との見解を援用する。マクルーハンの有名な「メディアはメッセージである」という定義を、情報弱者になる可能性のある人が享受するためには、メディア教育を通じて障害者本人が「拡張機能」としてメディアを使いこなすことが要請される。これにより、発せられたメッセージを正確に受け取る、またはメディアを通じてメッセージを正確に伝えるという、コミュニケーション行為が可能になるだろう。

これらのコミュニケーション行為[1]に関する分析こそが、筆者らがこうした領域においてこれから必要と思っている分析である。何かを学ぶためにせよ、将来的に就労するにせよ、あるいは友人たちとの遊びにせよ、コミュニケーション行為の重要性については自明である。他方で、「学びのための困難」とは、「自分の考えを伝える」「他者の話を聞く」「情報を読みこむ」「ある状況や活動に参加する」という、一連のコミュニケーション行為の困難でもある。学びのための困難を抱える障害者の支援を考察する（支援もまたコミュニケーション行為なのだが）とき、これらのコミュニケーション行為についての考察と、その改善を考えるのは特に支援実践者や研究者にとって当然であろう。

II　対象と方法

1．対象：シャローム大学校とみんなの大学校

シャローム大学校は二〇一五年、一般財団法人福祉教育支援協会（埼玉県所沢市）を母体として、福祉サービスである就労移行支援事業所シャローム所沢（同）から派生する形で設立された。同協会は、福祉サービスを基本にしながら、他の就労移行支援事業所に資格取得のための教材の提供を行う事業も見据え、名称に「福祉」と「教育」を組み合わせた。この支援の延長線上として浮かび上がったのが「訓練」ではなく「学び」の重要性である。「訓練を受けること」を「福祉サービス」として公的機関の管理下に置かれる福祉型専攻科とは違い、「自分のありたい姿」を求め自由に学べる環境を創

り出そうとの考え方とともに、障害者権利条約二四条で示されるインクルーシブ教育システムの確立に向けて設立されたのがシャローム大学校であった。

シャローム大学校は大学教育と類似したシステムを導入し、学生の「学びたい」という自主性を重んじ、科目を履修して単位認定し、課程を修了していく仕組みにした。一つの講義は一般の大学が九〇分程度であるのに対し、シャローム大学校では五〇分とし、担当する講師には一方的に話すのではなく、双方向性を心掛けてもらい、一方的な話は一〇から一五分程度に抑えるようにお願いしている。この時間配分と双方向性の重視は、授業中に集中力が続かないことが想定される学生に配慮されている。

シャローム大学校では通学して講義を受け、学内で時間を過ごす「通学型」と、通学ができない重度障害者に向けて自宅や医療機関等に講師が訪問して講義を行う「訪問型」と、名古屋市のＮＰＯ法人見晴台学園大学と新潟市のＫＩＮＧＯカレッジの学生をウエブ会議システムで結んでの講義を行う「遠隔型」に取り組んだ。これらの取り組み全体は、二〇一九年度の日本特殊教育学会[ii]で基本的な考えを示し、遠隔講義については、同年度の日本ＬＤ学会[iii]で実践例を提示している。さらに引地は、文部科学省の障害者の生涯学習に関する委託研究[iv]や専修学校活性化に向けた障害者のライフステージに寄り添う支援者の育成プログラム[v]の開発を行うことで、学びの場と支援者の育成等の実践ともなり、障害者の「学び」の必要性と国際社会での必然性を強調する立場でもあった。

文部科学省事業を推進し、学びの必要性を発信しながら二〇二〇年度学期をスタートする予定であったが、新型コロナウイルスの影響により東京や埼玉では各種の学校が休校した。シャローム大学校も新学期はスタートしたものの学生は通学できず、ウエブ会議システムでそれぞれの自宅と大学校（ホストは引地）をつなげて対話を開始した。迫られた対応ではあるが、ウエブ上で学生同士が生き生きと対話している様子を目にした。先行きが見えない状況で、ウエブ上での対話が、「きっかけ」になることに着目し、コロナ禍中の同年四月に「誰でもどこでもつながれる大学校」として、みんなの大学校が設立された。みんなの大学校は、ウエブ上で講義時間に合わせて講義者がライブで講義をすることを基本に、ヨガや就労に関する情報や、対話のプログラムなどの公開講座や、歌手によるパフォーマンスまでオンラインにおいて同じ時間で共有ができ、必要な単位を取得し課程を修了してもらうライブ型の仕組みである。ユーチューブのような動画を再生するオンデマンド型の仕組みではなく、今この瞬間にプログラムが進行し、そこに参加している「同時間性」が、学びにおいて重要な価値を含んでいると考えている。

福祉サービスの発想から出発したシャローム大学校が、通学型のイメージから抜けられず、結果的に少人数形式の限界があることを知らせたのがコロナ危機であった。ウエブ発で考えた場合に広くどこでも展開できる可能性が浮かび上がり、形になったのがみんなの大学校である。みんなの大学校は、単位を取得して課程修了を目指す一般学生のほか、科目を選択し受講する聴講生、福祉サービス事業所単位で登録し、事業所の支援プログラムの一環としても機能している。さらに、医療系デイケアや企業の障害者就労の現場でも「学び」を取り入れることで、無理のない自分の居場所を確保できる可能性も示している。

2．方法：メディア教育とデザインをめぐる対話

本研究は、基本的に海老田と引地の対話（メールの交換やｚｏｏｍを介した対話）によって構成されている。既存の研究方法に当てはめれば海老田が引地に対してインタビューをした、つまりインテンシブインタビューを実施したシングルケースの分析ということになる。しかしながら、本章における調査方法を、インタビューというより対話と表現したくなる事情もある。少々結論先取り的な話になるが、同時間性やマクルーハンのメディア論、人間の拡張などをめぐり、引地と海老田は、議論を重ねた。インタビュアーがインタビュイーから情報を引き出すという話では終わらない。さらには、実践者でもある引地にとっても、もちろん海老田にとっても、同時間性へのこだわりが何を意味するのか、メディア教育におけるマクルーハンのメディア論の位置づけ、「人間の拡張」とは何を示しているのかなどについて、あらかじめ明確な回答があったわけではない。このような事情に加え、引地は教育実践者であると同時に研究者でもあるため、調査協力者というよりも、共著者として本章においても相当な部分を執筆[vi]している。次節で記述される調査や分析も、引地が引地の所属していた研究機関の倫理審査の手続き[vii]を通過してなされた。本研究は、得られたデータや結果を海老田と引地がデー

タセッションしたもので、そういった意味においても対話によって構成されていると表現するのが、最も妥当な表現に思われる。人類学的なＫＪ法に近いようにも思われるが、本研究ではとくに概念やカテゴリーの整理を目指しているわけではない。目指しているのは、デザイン概念を用いて、引地のメディア教育実践あるいは学生たちのメディア使用実践を再記述[viii]することである。なお、本章でいうデザインとは、支援対象である障害者のかかえる困難に合わせた創意工夫、調整、配置の総称である（海老田　二〇二〇ａ）。

Ⅲ．調査結果　―メディア教育の可能性―

１．全国八五〇校へのアンケート

シャローム大学校とみんなの大学校は、就労移行支援事業所などの福祉サービスを行ってきたときからコミュニケーション行為に関する支援に重きを置いている。このコミュニケーション行為の教授を考えたとき、特別支援が必要な人びとにとって、後期高等教育期間においてどのようなメディア教育を行ってきたかは非常に重要である。

わかりやすいのはメディアリテラシー教育である。現在、特別支援教育は社会に出るための教育として、学ぶべきポイントは実社会と結びつくものが優先される傾向がある。これはマスメディアが発する情報を学ぶのではなく、自分の手のひらにある情報端末でコミュニケーション行為をすることについての学習が必要と認識されるのは自然であり、「特別」であることを考慮した上での学習が要請される。この「学習」の実態について、引地は二〇一八年に全国の公立特別支援学校高等部（知的障がい）の教員向けに実態調査[ix]を行い、該当の八五〇校に対し依頼し有効回答数は一五〇であった。

この調査結果を簡易的にまとめると、個人所有のメディア機器を使用してのソーシャルメディアの利用という新しいコミュニケーション行為は、コミュニケーションそのものを活発化しながら同時にトラブル発生の頻出が浮かび上がった。また、特別支援教育の現場でのトラブルに対応の有効なメディア教育は確立されておらず、現場の教員も対応に苦慮しメディア教育に関するガイドラインの必要性を感じている声も多数確認できた。

回答ではメディア教育が「絶対必要」「まあ必要」がほとんどで、その必要性は強く認識されており、その理由として「トラブル回避のため」というネガティブな対応策として導き出しているケースが多いこともわかった。回答中、「問題」「トラブル」「悪口」「不満」「安全」というネガティブな言葉を使用して必要の理由を説明したケースが三九件にも上っていることから、現場ではメディア使用をめぐる多くのトラブルが発生しており、その結果として、メディア教育は防衛のための学びとの位置づけに追いやられている実態がうかがえる。メディア教育が必要とされる理由の一例[x]は、「SNS等の使用による、コミュニケーションでの問題や、ゲームアプリでの金銭の問題などの問題点が多々あるため（沖縄）」、「生徒たちは将来にわたり情報社会の中で生きていかなければならない。しかし特別支援学校の生徒は、通常学校の生徒に比べ、情報モラルに関する理解が乏しいと考えられる。今後メディア（特にネットメディア）に関する問題等がさらに増えていく可能性があるが、情報モラルを身に付けさせる指導を適切に行ったうえで、様々なメディアに関する教育をしていく必要がある（石川）」などが挙げられ、各地域の生の声そのものも得られた知見として、今後のメディア教育を構築する上で、この調査は有益であった。さらには回答の中には教員の切実な思いも込められていた。

こうしたメディアリテラシー教育の意義を「トラブル回避のため」と位置づける意見が多数あった一方で、別様の位置づけ方を示す意見も見られた。「情報化している社会や目まぐるしく変化する社会において障害のある人がメディアを活用することで、よりよい人生を送れ、できることが増えることを期待し、より意味のある本当に活用できるメディア教育が出来れば良いと思います（岡山）」「軽度な知的障害や聴覚障害の人にとって、読解力が課題となる、国語との連携が大切と感じている（東京）」「大事な情報源であり、有効に安全に使うすべを習慣にすることは人生のクオリティに大きく影響する。小さいころから親、保護者の教育も必至であると考える（神奈川）」などの意見がその例である。これらに共通する認識として、旧来の意味ではなく、新しい意味での「メディア・リテラシー」[xi]の構築を期待させる。メディア環境の激変により従来のメディアリテラシー教育に加え、新しいメディア教育へのシフトチェンジが求められているのではないかという予見は、メディアを「情報を媒介するツール」として考える従来のメディア像にも揺さぶりをかける。それにともない、「トラブル回避のため」のためのメディアリテラシー教育の意義とは異なる、ソーシャルメディア時代やデジタルネイティブ時代に対応するメディア・リテラシー教育の意義を考えていくことが要請されることになる（たとえば海老田　二〇二〇b）。

2. 違う土地で生活する人びととの交流

コロナ禍前の二〇一九年度、シャローム大学校は、愛知県のNPO法人見晴台学園大学と新潟県のKINGOカレッジの三校を週一度オンラインで結び、「メディアコミュニケーション」を演目に遠隔講義を始めた(xii)。テレワークやウエブ会議システムを使った授業も一般化していない時期でのスタートであり、授業のシラバスには、目標として「インターネットを使って映像と音声で結ばれるコミュニケーション方法を理解し正しく利用する」「インターネット上のコミュニケーションのルールやマナーを会得する」「コミュニケーションの基本を知り、遠くにいる人とつながることを実感する」をあげた。実際に講義がスタートすると障害特性がさまざまで画面に映りたくない学生や自分の興味がある時間だけ積極的に参加する学生がいるなど、表面上は参加への意欲の濃淡が見られたが、支援者の呼びかけで、別室でも私への問いかけに答えたなどの報告もあり、「さまざまな参加」の可能性も確認された。

講義はメディアコミュニケーションを基本としテーマを設定しながら、講義とクイズ大会、各学校からの発表を行ってもらう三つのパートで構成した。クイズでは、埼玉県、新潟県、愛知県の違いを考えてもらうことを促す「ご当地キャラクター」「食べ物の名産」「電車」等も盛り込み、そこから派生した発表として、各学校から「近くにある気になるもの紹介」「各地にあるクリスマスの風景」「わたしの通学路」など一人ずつに発表してもらった。ここで使用されるクイズのテーマに埋め込まれているキーワード、「ご当地」「名産」「近くにある」「各地にある」「通学路」などからも明らかなように、この遠隔講義は空間を飛び越えることができる特性を利用してデザインされている。

引地は毎回の講義で学生名簿を読み上げ、画面に向かって何らかの返事をしてもらうことで、一人ひとりの名前が空間を飛び越えてつながっていることの認識を促した。クイズは問題に対して各学校で二つのチームに分かれ二つの答えを出してもらい、各学校間で競う合うことを楽しむ趣向であるが、チームで答えを一本化するという合意形成のプロセスを工夫することがコミュニケーションの学びになっているとの支援者の報告もあった。

この取り組みは空間を飛び越える道具を使うことで、「学びの場」を新たにデザインできる可能性の追究と位置づけられる。二〇二〇年のコロナ禍により一般の大学ではウエブ会議システムの導入は日常になったが、その浸透速度に比べると一八歳以降の障害者の福祉領域では、一般の潮流からは取り残される状況にある。二〇一九年度の遠隔講義を終えたNPO法人見晴台学園大学の学生の「感想」は「改めて人との関わり方を学びました。これから大学生活や就職した時に活かしたいです」「軽くカルチャーショックを受けました。いずれのコミュニケーションの学習も勉強になりました。私は個性として現状、『聞く』ことも『伝える』ことが苦手なので、繰り返しこの授業で学んだことを活かしたいです」などであり、教員へのリクエストでは「休日は、みんな、何をしているのか気になるので、休日の過ごし方を教えて欲しいです」「クイズは皆で協力して、お題の答えを考えることができて面白かったので来年もあるといいです」「私は刀女子なので刀について調べて発表したいです」など、多くの学生から授業参加に積極的な意思が表明された。

この講義は二〇二四年度の参加が見晴台学園大学、ＫＩＮＧＯカレッジに加え、山梨県笛吹市のユニバやまなし、全国で就労移行支援事業を展開するアクセスジョブも参加している。みんなの大学校は、就労継続Ｂ型事業所で就労の作業を行う利用者が週一回の学びの場としているだけでなく、自宅にいる重症心身障がい者の学生も加わった。二〇二三年度からはＳＤＧｓ（持続可能な開発目標）を毎回一つの目標についてクイズを交えながら学び、学期の終わりには各事業所から学びの成果を発表している。オンラインで他者を意識しながらの発表は、他者が観ていることを意識、趣向を凝らしている様子だ。フィールドワークの実施や研究紹介、クイズ形式でのプレゼンテーション等、番組仕立てで発表する事業所は毎回、ほかの事業所からの「お楽しみ」となった。

オンライン授業の継続は参加者の日常となり、オンラインを使ってのコミュニケーションの特性をつかみ、自分を表現しているようにみえる。さらに「引きこもり」の参加者が毎回いるが、オンライン講義ではスムーズに参加する様子が複数で確認されている。これはオンライン授業や会議における発言のしにくさからも明らかなように[xiii]、オンライン授業は、これまで教室で発言力のあった学生、友人との関係づくりが上手だった学生の発言が（一時的にかもしれないが）封じられる一方で、課題を適切にこなすタイプの学生が評価されやすいデザインになっているといえよう。このような授業参加へのデザインの変更や評価デザインの変更は、従来型の授業参加方法や成績評価方法を苦手と感じていた学生にとっては新しい道を拓くものなのかもしれない。

Ⅳ．考　察

1．空間を飛びこえる道具と人間の拡張

「引きこもり」傾向にあった若い学生の遠隔講義の事例からもわかるように、道具は使うことで新しい可能性への道につながるという感覚は、マクルーハンによる「メディア＝人間の拡張機能」論につながっていく。

ところで、『技術哲学講義』を記したクーケルバーグ（二〇二〇＝二〇二三：四七―五六）は、マクルーハン理論と現象学をつなげるユニークな解釈を示している。クーケルバーグによれば、マクルーハンはハイデガーと同様に、技術の非道具的役割を強調し、技術やそれが人間生活に与える影響は、

おそらく決定論的なものではないが、少なくとも単に人間の支配や、意志、意思決定の問題ではないと考えている。マクルーハンの有名な言葉である「メディアはメッセージ」とは、「メディアや技術は、完全に私たちの意のままになるような単なる手段なのではなく、私たち自身や他者との私たちの関係を形作るものでもある」（Coeckelbergh 2020=2023：49）という意味である。これはつまり、オートメーション技術、電灯、鉄道などを想定すると具体的な理解につながるが、メディアや技術は、私たちの意識や私たちの他者との付き合いの形、行為の形態を変えるものでもあるということだ。これは、技術の道具的理解（「銃器それ自体は中立で用い方が価値を決める」的理解）を批判するものであると位置づけるとわかりやすいかもしれない。メディアや技術の研究は、メディアの「内容」（それが何のためなのかやそれらの機能）と同様に、メディアそれ自体に焦点をあてるべきだという主張である。筆者がクーケルバーグによるマクルーハン解釈の要点を取り出すならば、「技術を理解することは、技術がどのように私たちの関係を再構築、再編するかという、その『文法』を理解すること」（Coeckelbergh, 2020=2023：49）となる。マクルーハンは「技術が私たちを形作る」と述べるが、本章は「『技術が私たちを形作る』とは具体的にはどのようなことか」と、特別支援教育という舞台上で問い直す試みといえるかもしれない。

本章において、メディア教育やメディア使用における時間と空間のデザインを考察するにあたり、いわゆるコロナ禍は壮大な社会実験だったと見なすことができる。なぜならこのコロナ禍で大きく揺らいでいるのがまさにこの時間と空間の秩序だからである。人びとの共在[xiv]は時間と空間の共有で可能になる。コロナ禍以前は教育も福祉も制度上、あるいは関係法規上、共在が大原則であった。他方、とりわけ教育についてはこの共在原則のうち、空間の秩序が大きく揺らいでいる。そこで本節では、このコロナ禍の状況と併せてシャローム大学校とみんなの大学校の実践を再記述してみよう。

引地はメディア研究の中心に「ケアメディア[xv]」との造語を社会に位置づけるために、概念化や実践化の角度から研究と実践を繰り返している立場である。コロナ危機におけるシャローム大学校からみんなの大学校への移行は、時代の要請にあわせた妥当な移行と考えているが、その根拠は前述のマクルーハンの理論である。いかなるメディア（すなわち、われわれ自身の拡張したもののこと）の場合でも、それが個人および社会に及ぼす結果というものは、われわれ自身の個々の拡張（つまり、新しい技術のこと）によってわれわれの世界に導入される新しい尺度に起因する、ということだ（マクルーハン二〇〇一）。社会ではテレワークの導入が常態化しているが、それは時限的な措置との印象が強く、できないことを補完している感覚であり、実際に会って交わることからの従属関係の中でメディアの活用が位置づけられている。しかしながら、メディアを使用することで人間の拡張が可能になると考えた場合、遠隔講義やウエブ講義は部分的にでもポジティブに受け入れられるかもしれない。デジタルネイティブ世代がスマートフォンを日常的なコミュニケーションで使用されるという現実をみれば、むしろメディアを使用したコミュニケーション行為こそが、同じ空間での対面コミュニケーションに代わってデフォルト設定になるかもしれない。

これは、メディア教育の文脈においても並行して同様のことがいえる。「トラブル回避のため」のメディア情報に関するメディアリテラシー教育は「本名でSNSに参加しない」「学校にスマートフォンを持ち込まない」「誹謗中傷の書き込みをしない、読まない」など、禁止や制限を導く文法を使用せざるを得ない。したがって、メディアリテラシー教育の意義を「トラブル回避のため」と位置づけるかぎり、究極的にはメディア利用を止めることこそが最もトラブル回避の可能性を最大化する。言いかえるならば、「トラブル回避のため」であれば、その回避させたい人びとからメディア端末を取り上げればよいのである。しかしながら、メディア利用を止めることは、マクルーハンのいう「人間の拡張」を取り入れないことを意味する。みんなの大学校のメディアリテラシー教育実践は、メディア使用を通して達成されている。つまり、メディア端末などを「使いながら教える」という実践は、「トラブル回避」を教示する機会を保ちつつ、マクルーハン流の「人間の拡張」の機会も確保するようなデザインになっているのである。さらに、みんなの大学校の教育は、誰もがデバイスを手にし、送受信できる中で、個人のメディア化が進む社会におけるコミュニケーション行為のあり方が中心である。こうした実践を可能にするのが、人間の拡張としてのテレワークは「できないことの補完」ではなく「できることの拡張」へという認識である。義務教育で推進しているICTも同様に研究者も実践者も「できることの拡張」と捉えた場合、新たな世界がデザインされることになる。

2. 同時間性へのこだわり

他方で、みんなの大学校の同時間性へのこだわりは何を意味するのだろうか。これは即時的なコミュニケーション行為と共在の認識可能性を示しているといえるだろう。これはメディアを媒介しつつも、「人と人」のコミュニケーションを保証するものでもある。たとえば前述した複数の場所をつなぐ遠隔講義で、最初の挨拶として「今そちらの天気はどうですか」「東京は…」「新潟は…」「名古屋は…」というやりとりが、ほぼ毎回なされた。これらの挨拶が成立するためには同じ時間に、地理的に異なる空間がつながらなければならない。異なる空間でたとえば録画物のようなものを視聴した（非同時間性）ところで、これらのやりとりは成立しないのである。こうした挨拶のやりとりは、筆者らが重視するコミュニケーション行為に他ならない。逆に言えば、同時間性が剥奪されれば、この種のコミュニケーション行為の機会が剥奪されるのである。共在の認識についてはもっとわかりやすい。同時間性が確保できていれば、空間を超える道具を使用することで、人間が拡張され、共在認識を持つことが拡張的（部分的）にせよ可能になる。ただし、空間を超える道具はあくまで人間の身体あるいは空間の拡張であって、空間を超える道具を使用することで同じ空間そのものを共有できるわけではない。

こうした点については、（マクルーハンはどちらかというと楽観的であるが）現代の電子技術が、私たちを分断する方向を向いているように見えることへの警戒と考えてもよいかもしれない。現代の電子技術による接続と分断。たしかに私たちは電子通信技術によって容易に他者と接続することが可能になった。他方で空間は明確に分断され、同じ空間に存在するということは「必要がないもの」とされがちだ。つまり空間的・身体的には明確に分断されているのである。特別支援教育という教育活動を考えたとき、こうした接続と分断については注意深く問い直し続ける必要があるだろう。

V. 結　論

障害を持つ学生の自己主張する力、表現する力を拡張することによって、他者との対話可能性が拡張する。これらの考察をもとに今後、みんなの大学校のメディア教育は、メディア端末やＩＣＴの道具を使い、体感しながら、それを「拡張機能として」人と人のコミュニケーションを基本にして社会に自分を自分らしく自己主張する力や表現する力を拡張する機能として活用される予定である。

このようなメディア教育やメディア使用の前提として、メディア教育を「トラブル回避のため」と限定して位置づけるのではなく、メディア使用を通してマクルーハン流の「人間の拡張」の機能を確保するものとして位置づけ直すならば、トラブルへの対応や防御を教示する機会を保ちつつ、自己主張する力や表現する力を養うように、シャローム大学校やみんなの大学校の実践はデザインされていることが明らかになった。また、空間を超える道具の使用が可能になることで、学生の新しい自分の居場所を発見することも可能になる。たとえば重度障害者のいる自宅や医療機関のベッドから、あるいは空間的に超えられることのできなかった自室や自宅から教室に通うことが可能になるという、空間を超えた社会をデザインできる素地はすでにあり、みんなの大学校では実践している(第4章参照)。

メディアは人間を拡張し、メディアそのものがメッセージであるというマクルーハンの定義を、最後に今一度確認しよう。マクルーハンの主著『メディア論 Understanding Media:人間の拡張の様相 The Extensions of Man』の考察の中心は、「既存のプロセスを拡充したり加速したりするときの、デザインあるいはパターンが、心理的および社会的にどのような結果を生むか」ということであった。「なぜなら、いかなるメディア(つまり、技術)の場合でも、その『メッセージ』は、それが人間の世界に導入するスケール、ペース、パターンの変化に他ならないからである。鉄道は移動とか輸送とか車輪とか線路とかを人間の社会に導入したのではない。それ以前の人間の機能のスケールを加速拡大し、その結果まったく新しい種類の都市や新しい種類の労働や余暇を生み出したのである」(マクルーハン 二〇〇一)。メディアを理解し実践に活かすことで、新しい生活様式の基本と位置づけが可能になる。今後においても、障害者に配慮された新しいメディア教育がデザインされる可能性が広がっている。こうしたさらなる実践の記述については別稿を期したい。

謝　辞

本章は、ＪＳＰＳ科学研究費補助金（19Ｋ１３９５３：19Ｈ０１５６７）の助成を受けた研究成果の一部である。なお、本章は海老田・引地（二〇二〇）に大幅な加筆修正したものである。

注

（ｉ）ここでいうコミュニケーション行為とは、ハーバーマス的なコミュニケーション的行為のことではなく、情報伝達に関わるあらゆる行為という意味で使用する。
（ii）「知的障害者等の生涯学習の推進と大学教育　三つの学びで人生を『開く』への挑戦」日本特殊教育学会第五七回大会企画シンポジウム（二〇一九年九月）参照。
（iii）「障害者学習を遠隔で結ぶ授業の可能性―広くつながり強めるためのプログラム充実に向けて―」日本ＬＤ学会第二八回大会自主シンポジウム（二〇一九年一一月）参照。
（iv）「特別支援学校高等部卒業生等を中心に対象とした若者の学びを展開するための学習プログラムの開発事業」『障害者の多様な学習活動を総合的に支援するための実践研究』（文部科学省　二〇一八年―二〇二〇年）参照。
（ｖ）「障害者に関わる方のための障害者のライフステージに寄り添う地域サポーターの育成事業」『専修学校による地域産業中核的人材養成事業』（文部科学省　二〇一八年―二〇一九年）
（vi）Ⅰ．は海老田が担当し、Ⅱ．Ⅲ．は引地が執筆し、Ⅳ．Ⅴ．は引地が執筆したものに海老田が加筆修正している。
（vii）海老田も引地も、日本学術振興会の研究倫理ｅラーニングを受講し、修了している。
（viii）「記述」については『柔道整復の社会学的記述』を参照。本章でいう再記述とは、すでになされている記述について、デザインという観点からとらえ直し、記述しなおすことである。

(ix) この調査は「ケアを実践する場としてのメディア教育―特別支援学校卒業生向け『生涯学習』からの考察」(日本マス・コミュニケーション学会二〇一九年度春季研究発表会・研究発表論文、二〇一九年六月)として発表している。

(x) 末尾の都道府県名は回答の特別支援学校のある地域を指す。

(xi) 本章では、既存のメディアリテラシーを「メディアリテラシー」、新しい意味でのメディアリテラシーを「メディア・リテラシー」と簡易的に使い分ける。

(xii) コロナ禍の影響で、二〇二〇年度前期は見晴台学園大学とKINGOカレッジとの遠隔講義は中断された。これはある意味で逆説的である。障害者支援施設への利用者や職員の通所自粛の通達などによって、遠隔講義を組織することが困難になっている。障害者支援の原則は対面支援であることを物語るものでもある。

(xiii) これは次話者選択の困難さで説明がつく。私たちは三名以上と会話をするとき、何らかの形で次話者を選択する。たとえば榎本と伝(二〇一一)によれば、話し手の視線の向け先である聞き手が次話者になる蓋然性を考察し、話し手に視線を向けられていた聞き手が次話者として自己選択しやすいという一般的傾向があるという知見を得ている。この視線というものが次話者を選択する際、オンライン授業では使用できない。

(xiv) ここでの共在とは「共にいること」の意味で、ハイデガーの「共存在 Mitsein」の意味はない。

(xv) 引地はメディア行為のすべてにケアを意識付けすることで、社会に適応したメディア行為が成立するとの考えのもと、研究と実践を推進している。「『ケアメディア』実践化に向けて―『精神疾患』に関する新聞メディアの伝え方の考察―」日本マス・コミュニケーション学会二〇一七年度秋季研究発表会・研究発表論文（二〇一七年一一月）等の発表がある。

参考文献

榎本美香・伝康晴、二〇一一、「話し手の視線の向け先は次話者になるか」『社会言語科学』一四(一)：九七―一〇九．

海老田大五朗、二〇一八、『柔道整復の社会学的記述』七一―九〇．勁草書房．

海老田大五朗、二〇二〇a、デザインから考える障害者福祉．二四―二五、ラグーナ出版．

海老田大五朗、二〇二〇b、「COVID-19の影響と障害者就労支援のデザイン」『看護研究』五三(五)：四一一―四一七．

海老田大五朗・引地達也、二〇二〇、「学習に困難のある学生へのメディア教育実践における時間と空間のデザイン」『新潟青陵学会誌』一三(二)：三八―四八
引地達也、二〇一九、「精神疾患をめぐる新聞メディアの動向をめぐって」『コミュニケーション研究』四九：一三一―一四六．

引地達也、二〇二〇、「社会に交わる新しいメディア学習の実践．知的・発達障害者の大学教育研究」三：一二一―一八．

引地達也・アルン・プラカシュ・デゾーサ、二〇二〇、「公共メディア」における『ケア』の認識とジャーナリズム倫理」『コミュニケーション研究』五〇：一〇七―一二六．

Coeckelbergh, M. 2020, *Introduction to Philosophy of Technology*. Oxford University Press.（直江清隆・久木田水生（監訳）『技術哲学講義』丸善出版、二〇二三）

McLuhan M, 1987, *Understanding Media : The Extensions of Man.*（栗原裕・河本仲聖『メディア論：人間の拡張の諸相』七—二二．東京：みすず書房：二〇〇一．）

第6章
木材の端材を使用した芸術作品の制作：塔／灯をつくる

海老田大五朗

写真6－1　KINGOの灯（とう）[i]
出所）筆者撮影

写真6－2　KINGOの塔（とう）[ii]
出所）筆者撮影

この子らを世の光に

（糸賀　一雄）

Ⅰ．本章の目的

一般に福祉制度を使用して実践される「学びの場」[iii]とは、社会福祉法人や株式会社などの事業所が、障害者総合支援法に基づく自立訓練（生活訓練）事業を活用し、特別支援学校高等部の卒業生らのために学習環境を整えた場所のことである。生徒（学生）は、コミュニケーションに関する教養、運動や調理、美術などを学ぶ。岡本ら（二〇一三）は、プロの放送作家を招聘して、障害のある人びとによる新喜劇に挑戦するなど、その筋の専門職者を巻き込んだ先駆的な事例[iv]を報告しているが、とりわけ授業と地域社会との直接的な接続を考慮したものは、それほど多くはない。こうした学術的背景から導かれる、本研究で取り組む「問い」は、「後期中等教育（特別支援学校）卒業後の障害者（その多くは知的障害者）と地域社会との接続に配視する学びのあり方とはどのようなものか」ということになるだろう。

本章[v]の目的は、ある「学びの場」で筆者自身が設計して実施した二つの授業を記述し、地域社会との接続に配視する学びのあり方の事例を記述することである。この二つの授業で制作された二つの作品（ＫＩＮＧＯの灯《とう》（**写真6－1**）とＫＩＮＧＯの塔《とう》（**写真6－2**））は、二〇一九年に開催された、あなぐま芸術祭[vi]に出展された。授業設計から芸術祭出展まで筆者自身がコーディネイトしたわけだが、もちろんこれらは緩やかに計画されたものだ。授業と地域社会との直接的な接続に配視し、知的に障害ある人びとに適した学びをデザインしたわけだが、こうしたデザインそのものを再現可能なものとして記述し、資料として残すことが、本章のねらいである。

本章の記述については、授業が行われたＫＩＮＧＯカレッジの施設長と校長に読んでいただき、事実誤認が無いか、倫理的配慮が欠如している部分がないかを確認いただき、本書掲載の許可をいただいている。

Ⅱ．アクターネットワークセオリーについて

こうした「学びの場」における木工作品制作授業と地域社会の接続を記述するにあたり、頭の片隅に置いておきたい理論に、アクターネットワークセオリー（以下ＡＮＴ）というものがある。筆者はＡＮＴの専門家というわけではなく、また本書や本章にＡＮＴの詳細な説明を要請されているわけでもないと思われるため、ここではＡＮＴの専門家たちの紹介をもとに、ＡＮＴについて簡潔にまとめ、この章でなされる記述との関係について触れていきたい。先に確認しておきたいこととして、本章に

おける記述とANTは、いわゆる実践と理論の関係ではない。ここでANTに触れる理由は、本章で記述される実践をANTで説明しようとしているわけではない。この点については注意が必要である。[vii]

こうした目的のもとでANTをまとめるにあたり、筆者が最初に参照するのは、森下（二〇二四）によって書かれた「アクターネットワーク理論」（『科学技術と社会』三章）である。森下によれば、ANTには二つの特徴がある。

①人間以外の存在（ノン・ヒューマン）の役割を強調する。

・このため、ANTは「モノの社会学」と呼ばれたりする。

・ここでいう「ノン・ヒューマン」には、人とモノの間に本質的な断絶を「あからじめ」想定することなく、あらゆる人とモノの「つながり」をフラットにとらえることが期待されている。

・ANTでは実験を「モノに働きかけ、モノに語らせる」行為ととらえる。

・いいかえるならば、主語を必ずしも科学者という人間に限定しない。

・「非人間」の強調は、科学と社会の見方の根本的な転換を帰結する

②集合（マクロ）的な現実を変化させた個別具体（ミクロ）的な「つながり（ネットワーク）」を経験的に記述する。

・ANTは科学技術によるマクロな社会変化（大航海時代の歴史を変えた航路の確立）を、ミクロな実践（天文学に疎い船乗りのための訓練書の確立）の結果として記述する。

まず、ANTのもとでは人・非人間が「つながりをつくるもの」である。「科学者自身がやっていること・言っていること」に基づいて科学の多様性や変化を柔軟に記述しようとする。また森下は、小説のアナロジーを用い、ANTの記述方針を小説の登場人物の描写にたとえる。つまり、登場人物のキャラクターを定義によって与えるのではなく、出来事のなかで振る舞う人物の描写によって示す。ANTは、本質を定義するのではなく、記述によって対象を描いていくという方針をとるわけだ。

また、森下（二〇二四：三一─三二）は、ANTを「インフラ言語」として説明する。この説明がANTの記述の特徴を的確に捉えているように思われる。森下によれば、ANTは、科学技術の描写に対してコンピュータ言語のような、ある種の「インフラ言語」の位置を占める。それは、対象の記述の方法をゆるやかに規定するが、科学技術の構成要素を限定したり、特徴を「あらかじめ」決定するほど強い制約を課さず、むしろあらゆる科学技術を記述できる自由度を保ちながら、科学技術を可能にする手段を提供する。そして、ソフトウェアやウェブページでは、その構造を形づくる科学技術の描写は表面上、ANTの専門用語を用いることなく描かれる。「インフラ言語」は記述の表面にはその痕跡を残さないことになる。「ANTにおいて『結果』として描かれてきた科学や科学者の描写をなぞることに、それほど価値があるわけではない。ANTは、科学や科学者の記述の可能性を拡張する過程あるいは運動として捕らえられてこそ価値がある」（森下　二〇二二：八四）。

また、伊藤はANTに依拠した研究者が目を向けるべきことは、「連関 association」であることを強調している。「私たちの行為が事物の連関によって成り立っているならば、どのような連関のなかで生きており、どのような連関のなかで生きようとするかが問われることになる。この連関こそ『社会的なもの』と呼ばれるべきであり、ANTが「連関の社会学」と呼ばれる由縁であり、この意味で、『社会的なことを組み直すこと』が求められている」（伊藤　二〇二二：五六）。

前田（二〇二四：一四一一七）は、ANTの主導者であるラトゥール（Latour, B.）の『ラボラトリー・ライフ』に対してエスノメソドロジーからなされた批判を、経験的な研究の中で答えやすいものと、やや答えにくいものという言い方で二つに分別している。前者について、前田は中村（二〇〇〇、二〇一一、二〇一五）の一連の研究を引用しつつ、インスクリプションとなるものを実践の中で捉え直していくという仕方でエスノメソドロジー的に、批判的にではあるが受容する方向性を示し、またこうした受容の仕方は生産的なものであると一定の評価を与えている。ちなみにこのインスクリプションとは、ラトゥールとウールガー（Woolgar, S.）が実験室を「インスクリプション装置 inscription device」として捉えた（Latour & Woolgar, 1979=2021）ことに始まっており、装置を通して何らかの実体を変換した文書や図、その組み合わせを指すものである。後者は、『ラボラトリー・ライフ』の議論が「実在―表象」という二元論を保持し続けているのではないかという方法論的な問い、別な言い方をするならば「科学的事実の社会的構築」(『ラボラトリー・ライフ』の副題)のような用語法にかかわるものである。こうした点については、ラトゥール自身も、『社会的なものを組み直す』の中で、「科学的事実の社会的構築」という表現が「不用意な」ものであったことを認めている(Latour, 2005=2019:165)。以上のようなことが認められるならば、前田は実験室研究において、事実の安定性は、科学的実在論とはさしあたり独立に研究できることになり、さらには、社会的構築という用語も使用する必要はなく、その上で、事実の安定性は、科学者自身にとっても問題であることなどの論点を認めてよいことになる。ここまでの議論が認められるならば、前田はエスノメソドロジーがANTに貢献できる余地があり、協働できる可能性を示唆している。(viii)

Ⅲ．灯/塔(とう)が作られた場所と授業の概要

福祉事業型専攻科KINGOカレッジは、二〇一九年四月一日に開校した、障害者総合支援法(自立訓練)を利用した福祉事業型専攻科である。特色としては、自主的に幅広い分野で学びを深める、まちなかの立地を活用し、カレッジの中だけでなく外部との交流の中で学ぶなどが挙げられる。利用者のほとんどは知的障害者である。筆者は二〇一九年の夏に二回(八月二日と八月三〇日)の授業を

行っている。受講生は一〇人であり、授業協力者として家具職人一人、八月二日の授業ではボランティア学生が三人いた。

八月二日は塔、八月三〇日では灯をそれぞれ作成している。筆者が制作物のトータルデザイン、家具職人が木材の調達と技術指導および制作物への助言をすること、ボランティア学生には技術補助がそれぞれ主たる役割として割り当てられていた。制作する芸術作品の完成予想や制作された芸術作品を芸術祭へ出展することについては、施設長や受講生に対してあらかじめ説明がなされた。

Ⅳ．授業の設計

1．授業を設計するうえで念頭にあった課題および制約

この授業を設計するにあたり、念頭にあったタスクや制約は以下のとおりである。

① 授業に興味がないとスマートフォンなどを使ってYouTubeなどを見出してしまう生徒が複数いる。

② 一般的に障害のある人びとは社会とのつながりが乏しいので、多様な人びとをこのプロジェクトに巻き込むことで、社会との接点を複層化したい。

③（②と関係することだが）他者からの美的評価に耐えられる成果物を制作したい。

④　ＫＩＮＧＯカレッジは開校初年度だったので、一体感を出すために、みんなで一つの作品を作る・全員が授業に参加することを目指したい。
⑤　短時間で行うため、高度な技術、修得に時間がかかる技術は使えない。
⑥　芸術祭の趣旨の関係上、制作された作品は温泉旅館街に設置されることとなっているので、設置される場に最適な作品を制作したい。
⑦　可能であれば、就職につながるような作業をする。
⑧　芸術系の講師を呼ぶ資金がないため、芸術制作の素人である筆者自身が作品を構想しなければならない。

こうしたタスクや制約を挙げればキリがない（たとえば筆者自身の芸術制作者としての力量や材料調達の資金など）が、芸術作品制作授業及び制作物の芸術祭への出典を含めたプロジェクトを設計するにあたり、念頭にあった課題や制約は右記８点である。

2. 制作作品の構想

制作される作品の構想は、制約や課題に対して対応するものを構想した。特に⑥の温泉街（温泉宿）に設置されることがあらかじめ想定されたため、ホテルのロビーに置いても、その場になじむものを制作する必要があった。

木工作品である理由は、上記タスクや制約のうち、特に①、②、⑤、⑧と関連がある。筆者自身が木工作品制作に多少なじみがあるということと、その関係で木材（いわゆる端材）を無料で調達できる方法を知っていたこと、木工作品であれば手助けをしてくれそうな人的ネットワークが存在したことが挙げられる。また、木工作品はさまざまな観光地のホテルに設置されているイメージがあり、設置される場にも最適ではないかと思われた。

いずれも作品のなかに電球を仕込んでいることからわかるように、夜に見栄えのするものを構想している。なぜならホテルの宿泊者がこれらの作品を目にするのは夜だからである。また、知的障害のある者の作品に「光」を使用することの意義として、糸賀一雄の有名なフレーズである「この子らを世の光に」を連想可能にする狙いもあった。ただし、灯には最初から電球を仕込むつもりであったが、塔には電球を仕込む構想はなかった。しかし、電球に余剰が発生したこともあり、塔にも光を仕込むことで、二つの作品に統一感をもたせた。ちなみに、二つの作品の統一性ということであれば、灯（とう）と塔（とう）という同じ発声音を使用した理由も、この統一性にある。

だが、こうした作品について、おおむね上記のような構想はあったが、設計図を用意したわけではない。これもいくつか理由があるが、一つは設計図を用意してしまうと、もはやこの作品は筆者自身の作品になってしまうということと、もう一つは設計図を用意してそのとおりに組み立てるより、作品の細部は生徒のみなさんに任せた方が面白い作品になるだろうと考えたからである。

3．準備したもの

準備したものは、以下のものである。

・木材（家具工房ＩＳＡＮＡ、ＪＩＦＴ提供）
・絵具
・筆
・のこぎり
・木工ボンドとグルーガン
・ブルーシート
・紙やすり

木材はほぼすべて無料で調達できている。他の道具も、おおむね百円均一店で揃うものや筆者の自前のものばかりであり、資金面での負担はほとんどなかった。

V．プロジェクトの中に何がデザインされているのか

1．授業のなかのワークデザイン

生徒たちに取り組んでもらった作業は、「木材を磨く」「磨いた木材に絵の具で色を塗る」「木材を切る」「ボンドやグルーガンで接着しながら角材を積む」という作業である。この四つの作業は、前述した課題と制約のうち、①、⑤、⑦と関連している。

いずれの作業も、両手を使用して作業をする。つまりは①にあるような生徒がいるなかで、「授業中にスマートフォンをいじらせない」作業デザインになっていることがわかるだろう。また、いずれの作業も特別支援学校などで経験したことがある作業であると思われ、さらには、ここでは職人としての熟達をそれほど必要としない水準の作業である。

「木材を磨く」という作業には、磨いた木材の肌触りを素手で確認するという作業が含まれる。これは先ほど述べたことと同様に、両手を使用する作業であり、その手触りが作業前と作業後での大きな変化を感じ取れる作業でもある。紙やすりで材木を磨くことで、ざらついた材木の手触りがシルキーな手触りへと変化することを体感することは、決して動画の視聴だけからは経験することができない作業でもある。

「ボンドやグルーガンで接着しながら角材を積む」という作業は、それほど困難な作業ではないが、

角材自体は建築業者や家具工房から出た端材を使用しているため、一本一本の角材は、その厚みや太さが不揃いである。したがって、角材を積み上げていくときに、バランスをとるという作業が必要になる。つまり、単に積みたい角材を積み上げるのではなく、高く積み上げられるようにバランスをとりながら積み上げるための作業に、ある種の知的作業が生じるのである。

また、この二つの作品を制作するにあたり、芸術祭出展時の搬入搬出時に生じる困難さも想定された。あらかじめ積みあがった灯や塔を搬入搬出することは、物質的な大きさと空間の大きさのかねあいから不可能である。そこで、作品の搬入搬出時に組み立てや解体が容易にできる作品にする必要があった。そこで灯の方は、一人あたり七～八段程度の高さに限定し、その一人が積み上げたユニットを、芸術祭の設置日当日に会場へ搬入し、灯を積み上げる作業や切り分けれられた丸太を塔として積み上げる作業は、

写真６－３　地べたにブルーシート

出所）筆者撮影

写真６－４　スクエア型の机配置

出所）筆者撮影

芸術祭での会場作業に託したのである。

これらの授業は二〇一九年の夏に二回（八月二日と八月三〇日）を実施しているが、実は作業する際の生徒たちの配置も変わっている。八月二日は塔を作成しているが、木材を磨き、色を塗るという作業は、「ブルーシートを敷いて、教室の地べたで木材を磨き、色を塗る」（写真6－3）という教室をレイアウトしている。他方で、八月三〇日の灯を制作する作業は、机といすをロの字（スクエア）に組み、全員が椅子に座って角材を積み上げるという作業をしている（写真6－4）。つまり、行う作業によって、教室のレイアウトを調整しているのである。この調整もちろん、行われる作業に配慮されているわけだが、後者の作業の方が、生徒はより集中していたように感じられた。これは憶測の範囲を出ないが、スクエア型の机の配置は、作業者全員がお互いをモニターすることを可能にする。なされる作業方法や進捗具合も相互に確認可能であることが影響していると思われる。

2. 地域社会とのつながりをデザインする

このプロジェクトで社会とのつながりを志向している設計は、主に「大学生をボランティアとして巻き込む」「端材木材を材木屋から無料で調達する」「木工家具職人には端材を提供いただき、かつ作業にも参加してもらう」「制作した作品を芸術祭に出展する」という四点である。

大学生の巻き込みは二通りのやり方で行った。一つ目はこの授業での作業のサポートに入ってもらうというやり方であり、もう一つは芸術祭会場における搬入作業の手伝いである。授業をサポートした大学生三人と芸術祭会場における搬入作業の手伝いをしてくれた大学生五人はそれぞれ別の大学の別のグループであった。実際、**写真6－2**のレイアウトは搬入会場においてボランティア大学生によって設置されたものである。

この二つの作品制作に使用された木材は、繰り返しになるが、材木屋と家具工房からそれぞれ無料で提供されたものである。この時点で二つの企業を巻き込んでいることになる。さらに家具職人には、二回の授業にどちらも参加してもらった。また、前節において、作業に即して教室の机の配置を変えたという話をしたが、そのレイアウトの変更を最初に提案したのが、この家具職人であった。木工作業の専門職者だけに、木工作業がしやすい身体と道具の配置を、彼は熟知しているのである。この家具職人は、それまでの人生において、知的に障害がある人びととほとんどかかわりあうことがなかった。彼にとっては、ほとんど初めて知的障害者と接する機会であったようだ。彼から生徒たちは木の磨き方や木の組み方を教わるのだが、彼は「教えれば何でもできますね」という感想を抱いていた。もし彼のような木工職人が増えれば、知的に障害があっても木工作業の仕事が与えられる機会が増えるかもしれない。つまり、木工職人をこのような授業に巻き込むことは、知的障害者たちの就労の機会を増やすことにつながるかもしれない。

知的障害者はその存在を秘匿されがちである。相模原事件が典型的であるが、事件の加害者は実名で報道され、被害者は匿名報道された。もちろん、これはいろいろな事情があるわけで、実名を公表しないのが悪いと言いたいのではない。ただ、制作した作品が評価されるということは、世の中の人びとから知的障害者という存在者の存在を認知されることになる。

3. このプロジェクトの何を軌道修正したか

授業やプロジェクトは上記のようにデザインされていたわけだが、いくつかの軌道修正がなされている。特に、授業中の作業の流れを読み、その場で臨機応変に予定されたことから微調整されるということがなされた。

塔の制作に関していえば、もっともわかりやすい修正は色の使い方である。制作が始まった当初、私の教示は「一つの木に一色で塗

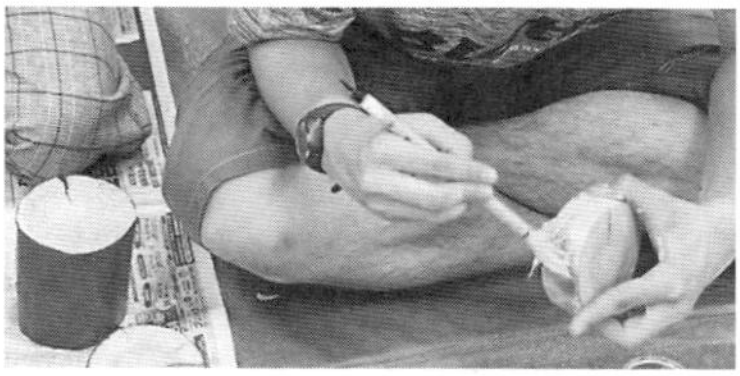

写真６−５　単色塗

出所）筆者撮影

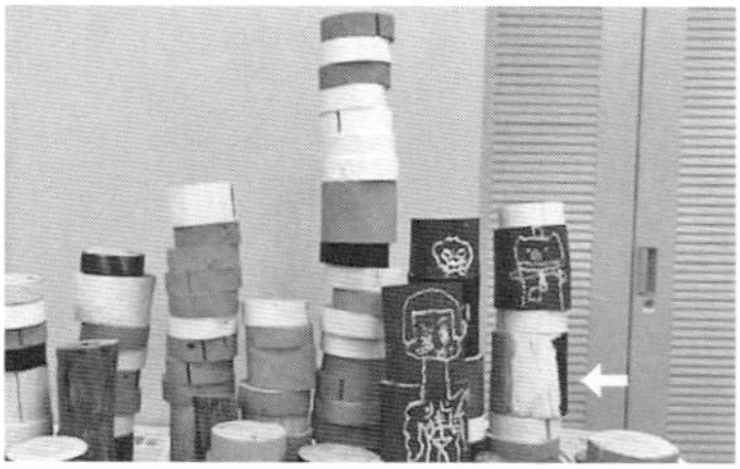

写真６−６　多色塗

出所）筆者撮影

写真６−７　仮組とスマートフォンの光

出所）筆者撮影

りましょう」（写真6－5）というものだった。ところが制作が進むにつれ、ある生徒が一つの木に三色くらいの色をのせていたのである。これはもちろん、私の教示からは違反している色の塗り方である（写真6－6）。この生徒は授業中、すぐにスマートフォンなどで動画サイトなどを見出してしまう生徒のひとりであった。このとき私は注意をして色を塗るのを止めさせたり、一色で塗るように修正したり、あるいはこの木を作品の中に組み込まないという選択ができたわけだが、いずれもそのような対応をしなかった。いくつか理由はあるが、このようなことは想定内の出来事であったし、なにより彼にはこちらからの教示とは異なったことがあったとしても、授業中にスマートフォンを見ることなしに、授業に参加してもらえるのであれば、この授業の目的は達成されたと考えていた。[ix]

また、灯の制作が終わり、仮組みをしているときに、光を入れたときのシミュレーションをしようと思った。しかし、制作日（授業日）当日、私は電球を用意していなかったので、光を入れたシミュレーションはできないかなと思われたのだが、だれともなく各々がスマートフォンを取り出し、電灯を入れてみたのである（写真6－7）。

VI．制作する者のカテゴリーと芸術性の高まり

この授業にかぎった話ではないが、障害者の芸術活動は、障害者と社会との接面を多様化する。こ

のことは同時に、障害者とそのご家族のアイデンティティカテゴリーの多様化をデザインしていることにもなる（海老田　二〇二〇ｂ）。芸術活動はその特性上、芸術活動できるかどうか、技術の巧妙さ／稚拙さなどが評価基準になるので、障害があること（〇〇ができる／できない、身体的障害がある／ないなど）は問題にならないためである。つまり、芸術活動のときには健常／障害の区分が一時停止し、芸術家としてのアイデンティティが立ち上がる。芸術活動が健常／障害の区分を取り払うのは、芸術活動に埋めこまれた潜在的機能（Merton, 1957=2013）といってもよいかもしれない。

筆者の教示から逸脱した「木」は、この作品の芸術性を高めたのか、それとも低めたのか。この問い自体はナンセンスなものかもしれないが、この多色で塗っている「木」は、明らかにこの塔のなかで目立っている。この存在者自身がその存在を主張しているといってもよい。自らの存在を作品のなかに残すことには成功しているのだ。

謝辞

本研究は二つの科研費助成（19Ｋ13953：20Ｋ02109）を得た研究の成果である。授業の実施と記録を残すことに賛同、協力いただいたＫＩＮＧＯカレッジのみなさま、家具工房ＩＳＡＮＡ、ＪＩＦＴのみなさまに感謝申し上げる。また、本成果を公刊するにあたり、かつて同僚であった池田かよ子、同僚である看護学部看護学科の塚原加寿子、和田由紀子、桐原更織には、クローズドな研究会でたいへん有益なコメントをいただいた。記して感謝の意を表す。

注

（ⅰ）展示キャプションには、以下の文章が掲載されていた。「お互いに支え合い、力強く立ち上がり、そこに光が宿ることをイメージして、小さい木片を積み重ねました。ＪＩＦＴさん、ＩＳＡＮＡさん、新潟青陵大学海老田研究室のみなさんの協力のもと製作しました。」

（ⅱ）展示キャプションには、以下の文章が掲載されていた。「カレッジみんなで協力し合いながら、自立していくことをモチーフにしました。材料を提供していただいたＪＩＦＴさん、技術指導いただいたＩＳＡＮＡさん、一緒に作業して頂いた新潟青陵大学海老田研究室のみなさまの協力のもと製作しました。」

（ⅲ）「学びの場」といっても、教育制度に則ったものではなく、障害者支援制度に依拠しており、呼称は統一されておらず、「学びの作業所」「福祉型専攻科」「福祉型大学カレッジ」などの呼称が存在している。

（ⅳ）岡本・河南・渡部（二〇一三）、鳥取大学付属特別支援学校（二〇一七）、長谷川（二〇一五）、ゆたかカレッジ・長谷川（二〇一七）、ＮＰＯ法人大阪障害者センター総合実践研究所（二〇二〇）など。

（ⅴ）本章は自主シンポジウムの報告原稿を大幅に改稿して論文化したものである。元の資料は、海老田（二〇二〇）であるが、本章は、それに大幅な加筆をしている。

（ⅵ）あなぐま芸術祭については海老田らのエッセイ（二〇一九）を参照のこと。

（ⅶ）本章の議論にＡＮＴを組み込むアイデアは、本書執筆者の一人である呉文慧からの助言によるところが大きい。記して感謝の意を表す。

（ⅷ）本章は前田（二〇二四）の論文の要点を掻い摘んで短く要約するだけのレビューになってしまっている。前田のエスノメソドロジーとＡＮＴとの関係にかかわる批判や議論は、詳細できめ細かい。議論の詳細については前田の（二〇二四）の原文にあたられたい。

(ix) 生徒たちの授業への参加動機を高める方法についての議論は、由井(二〇二二)の議論と接続可能だ。

参考文献

伊藤嘉高、二〇二二、「ANTの基本概念をたどる」『アクターネットワーク理論入門:「モノ」であふれる世界の記述法』ナカニシヤ出版.

NPO法人大阪障害者センター総合実践研究所、二〇二〇『障害のある青年たちとつくる「学びの場」』かもがわ出版.

海老田大五朗、二〇二〇a、『デザインから考える障害者福祉』ラグーナ出版.

海老田大五朗、二〇二〇b、「転回するデザイン:障害者福祉の学術出版はどのように設計されたか?」リエゾンセンター・ライブラリー ブックイベント(二〇二〇年九月一七日).

海老田大五朗、二〇二〇、「灯/塔(とう)を制作する:知的障害者たちと家具職人と大学生を巻き込んだ授業デザイン」『新潟青陵学会誌』一六(二):一三—一九

海老田大五朗・小倉壮平・高橋和枝・高橋トオル・岡村翼・近山理子・小林弘樹・石本貴之、二〇一九、「第一回岩室あなぐま芸術祭とは何だったのか」『新潟青陵学会誌』一二(二):一三—三四.

岡本正・河南勝・渡部昭男、二〇一三、『エコールKOBEの挑戦』クリエイツかもがわ.

鳥取大学付属特別支援学校、二〇一七、『七転び八起きの「自分づくり」:知的障害青年期教育と高等部専攻科の挑戦』今井出版.

中村和生、二〇〇〇、「テクノサイエンスとエスノメソドロジーの接点:インスクリプション」『現代社会理論研究』一〇:二六七—二八〇.

中村和生、二〇一二、「インスクリプション:現実を描き出す道具立て」茂呂雄二・有元典文・青山征彦・

伊藤崇・香川秀太・岡部大介（編）『状況と活動の心理学：コンセプト・方法・実践』新曜社．

中村和生、二〇一五、「インスクリプションと訳解定理：アクターネットワーク理論を超えて」『ポスト分析的エスノメソドロジーの展望と展開：科学実践の理解可能性の探究』博士論文（明治学院大学）．

長谷川正人、二〇一五、『知的障害者の大学創造への道』クリエイツかもがわ．

前田泰樹、二〇二四、「実践における概念を研究するとはどのようなことか？：エスノメソドロジーから見た『客観性』と『ラボラトリー・ライフ』」『人文學報』一二二：七―二三．

森下翔、二〇二二、「ANTと科学：史料分析と参与観察に基づく科学観・科学者観の更新」『アクターネットワーク理論入門：「モノ」であふれる世界の記述法』ナカニシヤ出版．

森下翔、二〇二四、「アクターネットワーク理論」『科学技術と社会』ナカニシヤ出版．

ゆたかカレッジ・長谷川正人、二〇一七、『知的障害の若者に大学教育を』クリエイツかもがわ．

由井真波、二〇二二、『動機のデザイン』ＢＮＮ．

Latour, B. and Woolgar, S. 1979, *Laboratory Life: the Social Construction of Scientific Facts*. Sage Publications.（立石裕二・森下翔（監訳）『ラボラトリー・ライフ：科学的事実の構築』ナカニシヤ出版　二〇二一．）
Latour, B. 2005, *Reassembling the social: an introduction to actor-network-theory*. Oxford University Press.（伊藤嘉高（訳）『社会的なものを組み直す：アクターネットワーク理論入門』法政大学出版局　二〇一九．）
Merton, R. K. 1957, *Social Theory and Social Structure*. (Rev. ed.). The Free Press.（森東吾、森好夫、金沢実、中島竜太郎（訳）『社会理論と社会構造』みすず書房　二〇一三．）

第7章
相互行為の中の「理解」の達成に向けた学びのデザイン
——Y専門学校のキャリアデザイン科を事例として——

松浦加奈子

Ⅰ．本章の研究対象

本章は、関東にあるY専門学校のキャリアデザイン科における学びのデザインを研究対象とする。キャリアデザイン科では「自分自身を知ること」と「キャリアについて学ぶこと」を通して、自分にとって最適なキャリアを選択していくことが期待される。たとえば、計画・実行する力を育てる学外実習や自立した生活を送るためのライフスキル・SNSリテラシーについて学ぶ授業が中心となる。その中でも、本章では自分の興味関心の方向性と強みを知り、進路活動につなげるための「好き発見講座」と、物事を多角的に洞察し感動する心を養い、自身の感性を磨くための「自己表現」の授業を取り上げ、それぞれの授業における学びの構築過程を相互行為分析によって明らかにすることを目的とする。そのため、学生の理解の達成に向けて教師と学生が協調して作りあげていく学びのデザインに焦点を当てることにしたい。

Y専門学校のキャリアデザイン科は八名の日本人学生と七名の留学生が在籍する一年制課程の学科である。日本人学生は全員通信制高校を卒業しており、目標進路を定める前の段階としてキャリアデザイン科に進学するケースがほとんどである。発達障害や知的障害、精神疾患を持つ学生もいるが、診断名がなくても人間関係に躓いた経験を持つ学生や毎日継続して登校することにハードルがある学生、学校という場では他者と話すことが難しい学生などがいるため、個々の学生への配慮が求められる。四月の段階で、授業内のペアワークに参加した後、学校に来られなくなって、そのまま退学に至った学生もおり、「表情では気づきにくいがすぐに来られなくなってしまう可能性が高い学生がクラスに多くいる」ため「慎重に見ていく必要がある」（二〇二四年四二十六日（金） 担任）学生が複数在籍する学科である。一方、留学生の多くは進路先が決まっており、日本語習得や大学院受験の準備期間としてキャリアデザイン科を利用している傾向がある。

今日の専門学校は、「柔軟な制度的特性を生かし、集中的に専門性の修得に特化した教育を受けたいという要請から、幅広い職業教育を身に付けたいという要請まで、様々なニーズを受け止め、多様な職業教育が展開されることが期待される」（文部科学省 二〇一一）ことから、進学者の多様なニーズに応えうるキャリア教育・職業教育機関としての役割が期待されている。この点において、日常生活を送るためのスキル（SNSの使い方、お金の管理、調理実習など）を身につける授業構成となっているキャリアデザイン科は専門性の修得というより、幅広い職業教育機関に位置づけることができると考えられる。そのため、キャリアデザイン科を対象にすることによって、教員が学生のさまざまなニーズをいかに把握し、学びを形成していくのか、その過程における多様なニーズへの柔軟な対応とそれに基づいた学びのデザインを分析することが可能であると考える。

II．教材（道具）を用いた実践を記述すること

キャリアデザイン科の授業には専門的な職業資格を有する講師がオムニバス形式で授業を担当する「好き発見講座」という授業がある。講師が介護福祉士であれば車椅子や介護美容のための化粧品道具、看護師であれば血圧計や包帯、トリマーであれば動物やトリミング用のハサミなどを用いて、その使い方を呈示しながら授業を展開していく。また、「自己表現」の授業においても学生自身が作品づくりを通して表現することができるように、画材道具の使い方を教え、表現技法との概念的な結びつきを習得することが目指される。このように、キャリアデザイン科の授業場面では学生と教員の相互行為の中で、教材（道具）の使用が企図され、教材（道具）の使用を通して授業場面の相互行為が組織されていくのである。

西阪（二〇一〇）は参加者の参加の仕方を分析する際、話し手が誰かに対して話しかけていても、相手が話し手への適切な志向を示さない限り、話し手が話し手で居続けることは困難であると述べている。また、相互行為は話し手と聞き手だけではなく、「作業をする者、作業を受ける者」（西阪　二〇一〇：四五）も含まれて構成される。「特定の活動に従事するとき、相互行為参加者（すなわち、その活動の参加者）たちは、その活動にふさわしいやり方で、互いの志向の配分を調整しなければならない」のであり、その「環境内の身体の空間的配列」を「参加フレーム（または参与フレーム）」と呼ぶ（西阪　二〇一〇：四八）。また、障害者の就労支援を対象に調査を行った海老田（二〇二〇）は、「障害者福祉における支援実践において、予測できない事態や逐次的に対応しなければならないことなどいくらでもある」（海老田　二〇二〇：一七）として、この微調整の連続の中にこそ学ぶべきことはたくさんあると主張している。

　したがって、相互行為場面において教員や学生が何者として活動に参加しているのか、参加フレームがその都度の相互行為によっていかに組み替えられて活動が組織化されるのかを踏まえながら、学びのデザインについて分析していく。それによって、キャリアデザイン科の学びを構成する上での複雑な参与構造を明らかにすることができると考える。

　そこで本章の分析方法として、授業場面の実践を詳細なトランスクリプト[i]によって記述することを通して、人びとの行為の理解可能性を探究していく。すなわち、「見られているが気づかれていない

(seen but unnoticed)」(H. Garfinkel, 一九六四＝一九九五：三五) 活動がいかなる資源を用いた実践によって理解可能なものとなっているのかを検討する。教員や学生がお互いに協調して活動に参加する際に、言葉だけではなく、身体的資源としてジェスチャーや視線、立ち位置も調整されているはずである。したがって、授業場面を分析する際には、教材（道具）と教室（環境）とともにそれらを含めた相互行為を分析することにしたい。

Ⅲ．授業の概要

本章で対象とする授業場面はY専門学校のキャリアデザイン科の「好き発見講座」における「看護師」の職業体験、「自己表現」における「立体折り図」製作である。「好き発見講座」はさまざまな職業に関するゲスト講師を招いて授業を行っており、対象となる授業では「看護師体験」が行われた（二〇二四年五月一五日（水）七限）。この「好き発見講座」では、教員や学生の参加フレームに焦点を当て、発話や身体の配置・動きをいかに組織・再組織させて相互行為を進行させているのかを確認していく。

一方、「自己表現」の授業では学生の理解度の把握方法や学習内容の変容に焦点を当て、教員が最初に設定した達成目標が個々の学生の関心に合わせていかに変化していくのかを明らかにしていく（二〇二四年五月一五日／二二日（水）八・九限）。

下記の分析では、T1はキャリアデザイン科の担任、T2は「好き発見講座」を担当した教員、T3は「自己表現」を担当している教員を示す。

IV. 分　析

参加フレーム（または参与フレーム）は「参与者たちの参与のしかたであり、どうじに参与者たちが参与している場面設定における出来事を経験するための枠組」（西阪　一九九二：六二）である。参与フレームは個別具体的な状況における活動の構造（どのような参与フレームを組織・再組織することによって特定の活動を組織しているのか）を探究するのに利用可能である（西阪　二〇〇一）。断片1は休み時間における担任とJ、筆者のやりとりを示している。03行目では欠席による空席に座った筆者に対してT

【2024年5月15日／22日(水) 6・8・9限の座席配置】

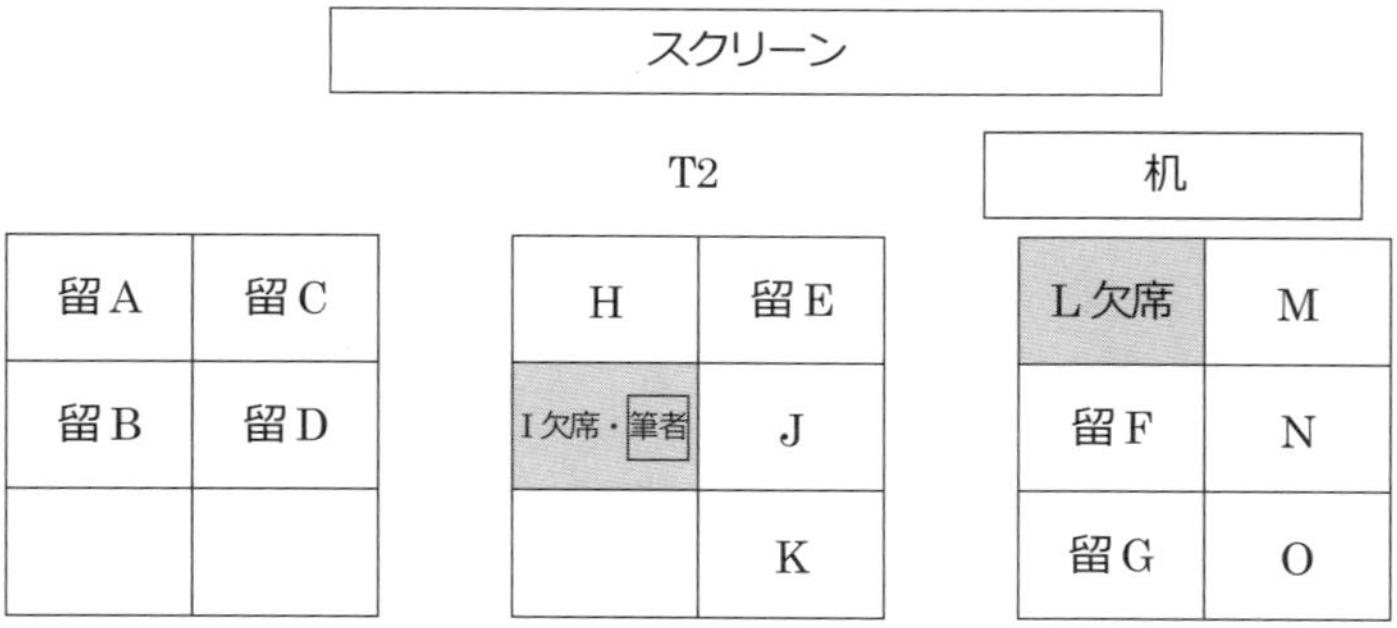

（留：留学生を示す）

図7—1　元々の座席配置

［断片 1］休み時間における学習内容の確認と非言語的相互行為の達成

	01	筆者	こんにちは:：：《教室に入る》
	02	Ss	こんにちは：：
→	03	筆者	いいですか？失礼しま：：す《J の隣が空いていたのでそこに座る》
	04	T1	松浦先生の血圧測ってあげようか《J に言う》
	05	T1	《J を見て》うんうん、血圧を測る練習をしたんできっとみんな測れるはず
	06	T1	じゃあ、これ借りようかな。どうぞお座りください。
→	07	T1	《聴診器と血圧を測定する機械を J の机の上に置く》
→	08	筆者	《J と向かい合わせに座る、T1は J の横に中腰で立つ》
	09	筆者	私めちゃくちゃ低いんです［よ
	10	T1	［あ：↓めちゃくちゃ低い：低いと測れなく ［なっちゃう
	11	T2	［Ahhhhhh
	12	筆者	100ないかもしれない
	13	T1	いい？松浦先生だ↑よ：私が《器具を持つ》
→	14	T1	J さん、低いんだって《J に向かって言う》
	15	T1	普段はどれくらいです↑か：《筆者に向かって言う》
	16	筆者	いつもは98［とか《J は聴診器をつけ、T1が腕に装置を巻く》
	17	T1	［うわ、低い［わ
	18	T2	［ahahhhhh
	19	T1	そこを目指して聞こ↑う《J に言う》
	20	T1	(2.) どうぞどうぞ《筆者の腕を机上に置くように促す》
→	21	T1	(プシュプシュ) ここら辺で聞こえるかな《ポンプを何度か押す》
	22	T1	まだかな？
→	23	T1	(20.) この辺？聞こえる？《J に聞く》
→	24	J	《J がメモリの80のところを指で示す》
→	25	T1	80↑、上？ OK、じゃあいくよ？ 押さえててね
	26	J	《メモリの50を指で示す》
	27	T1	聞こえた？ (3.) めちゃくちゃ低いね？↑↑本当にね《J の方を向いて》
	28	T1	80の50です ahhhhhh めちゃくちゃ低い。
	29	T1	めちゃくちゃ低い、ね、hahaha《筆者に向かって言う》
	30	T1	ね、80とかね、いつ聞こえるのかなって思ったもんね《J の方を向いて》
	31	T1	ありがとう、80と50。《J の方を向いて》
	32	T1	めちゃくちゃ低いじゃないですか、ahhhh

1が前時で学んだ「血圧測定」の知識をJとともに確認する作業が開始される。筆者とJが向かい合わせに座ることで、Jの視線とやりとりが筆者の方を志向し、相互行為が展開していく。そしてT1が筆者の血圧の低さを目の前のJに共有し、Jに「血圧測定」という活動への関与を配分する（08～10行目）。さらに、Jがメモリの読み方や血圧測定のやり方を理解していることが示される（23～26行目）。

　断片1のJをめぐる相互行為は非言語的な身体動作（指さし）を中心に展開される。発話のやり取りをしているのは筆者とT1であるが、それぞれの身体の配置によって、Jは単なる「聞き手」ではなく、「話し手」として編成されていく。発話の宛て先はJに向けられ、Jは機械の数値を指で示すことによってT1に血圧の数値を伝えている。そしてT1が筆者に測定結果を伝えるのである（29行目）。[ii] Jのジェスチャーや視線といった身

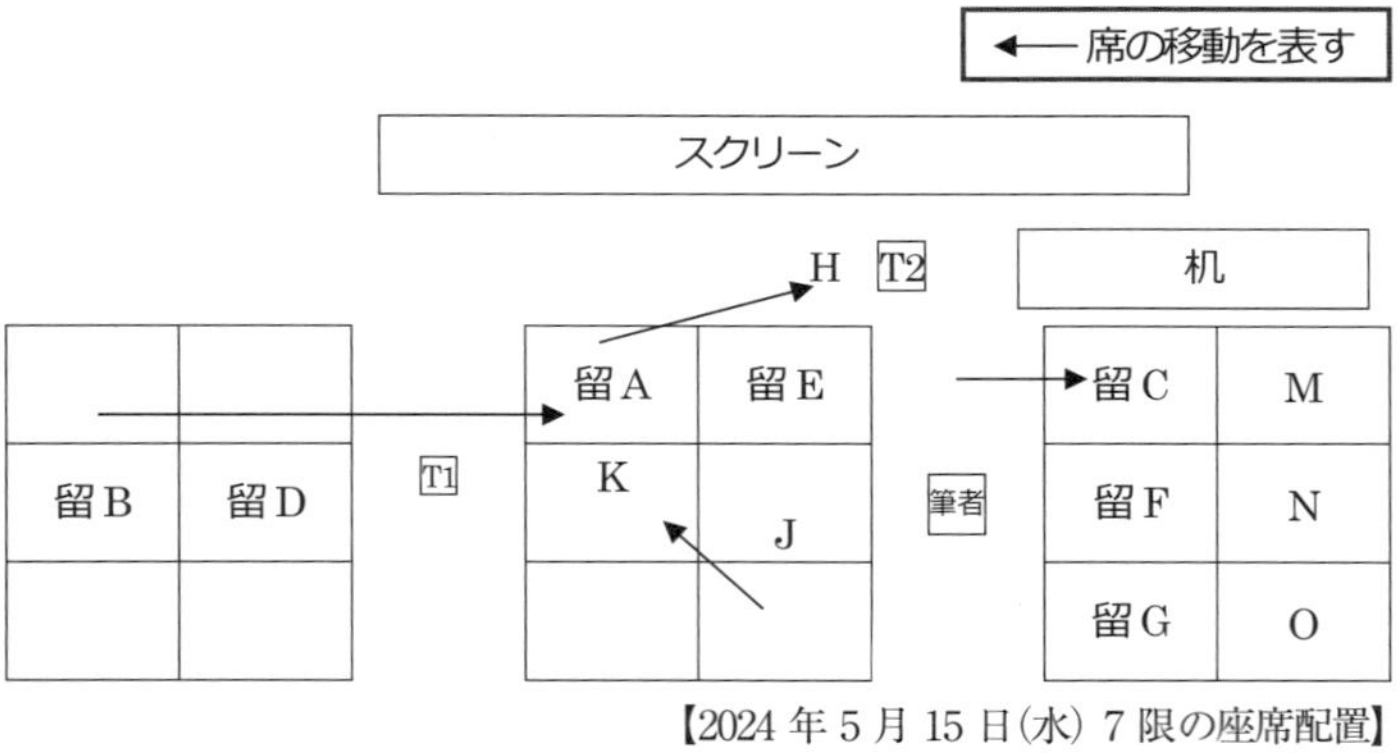

【2024年5月15日(水) 7限の座席配置】

図7−2　ペアワーク時の座席配置

[断片 2] 全員参加を志向したペアの設定

	33	T2	何がね、看護体験として一番それっぽいかなって色々考えたんですけど
	34	T2	救急体験とか心臓マッサージとかあるんですけど、
	35	T2	まあちょっと考えながら包帯巻きにチャレンジしてもらおうかなと思っています
	36	T2	で、包帯上手に巻けるって意外と大事で、
	37	T2	だって、身体って直線のところってなかなかないじゃないですか
	38	T2	曲がっているし、指だってこんなに細いし、ちっちゃいし。
	39	T2	そういうところにも外れないようにする、
	40	T2	包帯の正しい巻き方っていうのがあるんですね。
	41	T2	ただ、そこをやっていくのは難しいので、今日はみなさんの腕、前腕って言います
	42	T2	肘から先の部分を「前に腕」って書いてぜんわんって言います《黒板に書く》
	43	T2	前腕のところに包帯を2人1組ぐらいで巻けたらいいかなって思うんですけど
	44	T2	ここにね「螺旋巻き」と「折転帯」っていうのがあるんだけど、
→	45	T2	今日やるのは (3.) もちろん難しい方です。Uhh [hh
	46	Ss	[Wahhhhh
	47	T2	で、それぞれ2人1組で包帯を渡していきますので (3.) やっていこうね
→	48	T1	そしたらね K さんは前で、《座席移動の指示を出していく》
	49	T1	そしたら K さんは前に来て、K さんは前で、M さんはここで、
	50	T1	T2さん、H くんどうする
	51	T2	ん::じゃあね、留 E さん、ちょっと H くんチェンジ、チェンジしてもらって
	52	T2	で、留 E さんと留 A さん
	53	T2	《椅子を T2の前に用意する》
→	54	T1	あ、そうしま↑す
→	55	T2	(H が) 持っていってもらって大丈夫
→	56	T1	《H を T2の前に座らせる》
	57	T1	いいよ、引き続き、大丈夫だから《H に向かって言う》
	58	T2	で、みんなに今、2人に1組で包帯を巻いてもらうんだけど、包帯の正しい持ち方って
	59	T2	いうのがあります。《包帯をケースから出して身体の高い位置で持つ》
	60	Ss	《図の通り、ペアになった席に着席する。ペアごとに包帯が配られる。》
	61	T1	みんな、見るんだ↑よ、ahhh、いい?みんな見るんだ [よ《T2の指先に向かせる》

	62	T2	［そうだよ、hhh 興味津々
	63	Ss	《T2の指先を見る》
	64	T2	包帯は基本的にはこういうふうに丸まっているじゃないですか
	65	T2	こうはもちません。自分の方にこう、わかる？°ちょっと（Hに）横向きになって°。
	66	T2	°《Hに向かって》私の方を向いて。いいです↑か°
→	67	T2	こういうふうに持って《全体に向き直す》
	68	Ss	《留EとMがT2と同じように包帯を持つ》
→	69	T2	そう。こう持って［患者さんに対応するんですけど
→	70	T1	［いい？
	71	J	《急いで包帯をケースから取り出し、T2と同じ持ち方をする》
	72	T2	当てま：：す《腕に包帯を当てる》
	73	T2	ゆっくり腕に当ててっ［て
	74	T1	［いいよ：：クルっとね、そんな感じで《クラス全体に言う》
	75	T2	そう。こう持って一回クルって巻いていきます
	76	T2	気をつけて、転がっちゃうからね hhh
	77	T2	一回クルッと
	78	T2	一回クルッと巻いたら、ここポイント覚えてて、
	79	T2	ここ最初に巻いた巻き始めがあるでしょ？《Hの腕をみんなに見せる》
	80	T1	わかる？ね？

体的資源によるコミュニケーションは、教材（道具）を用いた相互行為のデザインの適切さによって円滑な相互行為として理解可能となるのである。

続いて、［断片1］に続く「看護師体験」のうち、包帯を巻くやり方の教授学習場面を取り上げる。冒頭では包帯巻きのうち、折転巻きという「難しい方」を取り上げることに関して、教師の笑いに誘導される形で全体に笑いが生じ、実施内容の理解が共有され、「難しい方」の包帯の巻き方を学習していくことが受け入れられていく（45・46行目）。なお、ペア決定については授業前にT1とT2で打ち合わせをしたわけではないのがT1の発言からも理解可能である（54行目）。

ペアワークの座席については欠席者の座席を埋めるだけであれば、Kが一列前の1の席へ移動し、Mが教員とペアを組む、あるいはその逆にするという方法が考えられる（図7-1参照）。しかし、実際はそうではなく、H以外のメンバーでペアを設定し、HはT2のペアとして位置づけられている。ミーハン（一九七九）は活動に参加する際には相互行為上の能力（interactional competence）が必要とされることを明らかにしている。つまり、「難しい方」の〝正しい包帯の巻き方〟をペアワークで習得するためには、ペアで適切な包帯の巻き方を追求できるような相互行為上の能力の発揮が求められるのであり、Hの場合にはその能力がT2とともに達成されるものであると見込まれていると考えられるのである。さらに、下記のインタビューにおいても、当時T1はHが「利用者役」として包帯を巻かれることでペアワークの実践に参加することができると認識していたことがわかる。

別に打ち合わせしてたわけではなくて。うん。なんかあれはHくんが包帯巻くのをやるよりは。みんなの前は何か交流したいってことだったので。やる側の見本はきつかったので、うん。利用者役でしたら、みんな見てくれるかなみたいな感じですね。それで、みんなが活躍できるっていう話。（二〇二四年十一月一二日（火）　T1インタビュー）

ペアが決定し、HがT2の前に座ると向かい合って包帯の巻き方の手本としての役割を担っていく。Hは教室前方で「利用者役」として包帯を巻かれ、他の生徒たちはペアワークの相手と向かい合わせになりながらも視線はT2とHに向けている。そして、T2のHに対する指示を参照することによって、巻き方を学習していくのである。まず、留EとMがT2の発言（67行目）によって、正しい持ち方を習得し、それに対して、T2は評価を与える（69行目）。まだ、包帯を手に持っていないペアに対してはT1が呼びかけることで（70行目）、全体で包帯の持ち方から巻き方をともに学んでいくことが可能となっている。ただし、包帯の巻き方を知ることとそれを実践することは異なる。ライル（一九四九＝一九八七）は、理解そのものは達成された成果であるとして次のように述べている。

あなたが議論を理解したということを決定すると考えられるような単一の中核的な行為というようなものは、たとえそれが外的に現れるものとして想定されようと、あるいはあなたの頭の中においてなされるものとして想定されようと、けっして存在しないということに注意すべきである。たとえあなたが理解のひらめきを経験したと主張し、そしてそれが事実であったとしても、あなたがその議論を言い換えたり、説明したり、さらに展開したり、再構成したりすることができないということをあなたが見出すならば、あなたはそれを理解したという自分の主張を撤回することになるであろう。また、誰か他の人がその議論に関するテストのすべてに応えることができたならば、たとえ彼が理解のひらめきを報告しない場合においてさえも、あなたは彼がそれを理解したということを認めるにちがいない。

（Ryle, G. 1949=1987）

ペアでの演習では、片方の学生が包帯を巻き終わったあと、もう片方の学生の順番となる。そのため、一斉に包帯巻きの順番交代をするわけではない。したがって、Ｔ２とＨの包帯の巻き方を参照して巻くことができていたのはペアになっている学生のうち、最初に包帯巻きを行った学生のみである。もう片方の学生が包帯巻きを実践する際には、周囲の学生と巻き方を確認し、間違えた場合にはペアの片方がそれを修正することが求められる。このような相互行為を通して理解が達成されたと判断できるのである。続いて、ＪとＫのペアによる包帯巻きにＴ１と留学生Ｅが介入していく場面を検討する。「断片３」は、Ｔ２が全体に包帯の巻き方を説明した後のペアで包帯の巻き方の実践を開始していく場面である。

[断片 3] ペアワークによる包帯巻きの間違いの修復プロセス

	81	T1	留 E さん上手
	82	T1	上手
	83	K	《J と向き合って包帯を巻き始める》
	84	T1	《K に》そんな感じじゃない？《斜め前に着席している留 E に》どう？合ってる？
	85	T1	できた？
→	86	留 E	°ちょっと違う°
	87	T1	違う？違うね、ごめん、uhh [hh
→	88	留 E	[こうやって《包帯の上の K の左指の向きを変える》
	89	留 E	こう
	90	T1	おお、まじごめん、留 E さん、上手！上手！《拍手》
	91	T1	ああ：できたできた：：《拍手》
	92	筆者	優しい教えか [た
	93	T1	[ね、留 E さんさすが、できたできた
	94	留 E	こうやっ [て《包帯の上の K の指の向きを変える》
	95	T1	[できた
→	96	留 E	お：：できたできた！《K に向かって拍手》
→	97	T1	《K を見て》OKOKOK、できたできた！よかったよかった
→	98	留 E	お：：できたできた！《拍手》
	99	T1	ありがとう、留 E さんさすが《M の方へ移動していく》
	100	留 E	はい：
	101	T1	《M の巻き方を見ながら》巻いて：
→	102	J	《K が巻いている時に指の向きを手で指し示す》
→	103	K	《示してもらった向きに指を置いて巻く》
	104	K	《包帯を一周させる時に包帯がほどけてしまう》
→	105	K	《指を反対向きに置き、首をかしげる》
	106	J	《K が巻いている時に指の向きを手で指し示す》

KがJに包帯を巻いている時に机間巡視していたT1がKの巻き方を留Eに確認し、巻き方が異なっていることが示された（86行目）。そこで、留EがKの左指の置く場所と向きを指示した上で、包帯を一周させる。それを再度繰り返すことで（94行目）、〝適切な〟位置に左指を置くことができたKはJの腕に包帯を巻いていくことが可能になる。その結果、T1と留Eが拍手をして「できた」[iii]ことを承認し、T1と留Eが介入した包帯巻きの協働実践は終了する。その後、T1はMのところへ行き、留Eも自分の包帯を巻き始める。そのため、KはJとともに包帯巻きの実践を続けていくことになる。JはKに包帯を巻かれる側であるが、巻かれていない腕を用いて留Eが示したやり方を用いて〝適切な〟位置を教示していく（102行目）。Jは包帯巻きに関するKの間違いを修正するやり方も理解したといえよう。このように、102行目以降はKとJの非言語的相互行為の中で、留Eの教示方法を用いたJがKとともに包帯巻きの実践を遂行することが可能となっていることが示されている。

KとJの包帯巻き方の「理解」の達成に向けた学びのデザインは留EがKの方を向き、Kの指を置き直す実践から開始され、Jも包帯を巻かれる者として空間に配置されている。そして、留Eが留Aの方に向き直ることでKとJの二人の相互行為が開始され、Jは指差しを用いた非言語的相互行為を展開していく。Jの指差しはKの包帯巻きと交互に行われるのであり、指差しという行為自体がJの発話権を主張する働きを持つといえよう。

［断片 4］「自己表現」における「理解」の範囲の限定化

	107	T3	先生：テストしたんだけどさこの前《教室廊下側の留学生 C・D の座席の横に立つ》
→	108	T3	みんながどのくらいお話聞けているかっていうのと：
→	109	T3	あとどのぐらい字読めるかっていうのと、
→	110	T3	ちょっとそういうの見たかったからしたっていうのがあるのね
	111	T3	で、結構間違い多かったのはね、右と左わか↑る？ hh. 右と左
→	112	T3	右手あげ↑て［：
→	113	留 D	［《大きく右手を挙げる》
→	114	Ss	Fh［hhhhhh
→	115	K	［°わからない°《うつむいた首を横に振って小さく左手を挙げる》
→	116	T3	［フハ hhh. わかってんじゃん《留 D を見て》
	117	T3	じゃあ：：文章をちょっと読めていないか↓な hh
	118	T3	漢字がわからないかな？《ホワイトボードに「右」・「左」と書く》
	119	T3	どっちが右？
	120	T3	こっちだと思う人？《左側に書かれた「右」を指し示す》
	121	T3	こっち？右左どっち
	123	T3	右？右？右？本当？ F［hhhhhh
	124	Ss	《頷きながら》　　［fhhhhh
	125	T3	みんなわかっているってことはちょっと読めてないってことかな
	126	T3	右から左へ鉛筆でさ、6 B から5 H まで並べてねっていうのをやったじゃん。覚えてる？
	127	T3	半分ぐらい逆になっていたから hh
	128	T3	ちょっと読めてないか、日本語の文章が難しかったか、ちょっと気になったんで
→	129	T3	一応授業中お話をしているんだけど、喋る速度が速いと＝
→	130	T3	＝わかりづらいと思うからそこは気をつけようと思うんだけど：

（2024.5.15（水）「自己表現」）

続いて、「自己表現」の授業において教師がいかに学生の理解を把握しているのか、それによって教師が授業内の課題をいかに調整して学びをデザインしていくのかを分析していく。「自己表現」は表現技法を教授する講義型の授業と、学んだ知識を実際に活用する製作の授業を組み込んで構成されている。

キャリアデザイン科の「自己表現」の授業の中で行われたテストでは授業の中で習得した知識の確認というより、「話を聞けているか」「どのくらい字が読めるか」という点に焦点が当てられることがT3によって示される（108~110行目）。その上で、「右と左がわからない」ために間違いが多かったのではないかとT3の推論によって、一つの問題についての確認作業が開始される。まず、「右と左わかる?」「右手あげて」という質問に留学生のDが大きく右手を挙げ、それに対して笑いが発生していく（114行目）ことで「左右」の理解を確認する相互行為が展開していく。つまり、視線を留Dに向けたT3は「間違えた」解答が多かったのは留学生が「左右を理解できていない」ことと、「左右の字を理解できていない」ことの二つの方向性を考えており、その上で、挙手と「共同的笑い」の発生によって「左右を理解できている」という状況が理解されたことが示される（116行目）。そのため、T3はテストでの間違いが「（質問の）文章が読めない」「漢字がわからない」ことによって生じた課題であると位置づけていく。

[断片5]「理解」の達成に向けた新たな教材（プリント）の活用

	131	T3	話していてわかっていないことがちょいちょいあるんだよね？
	132	T3	わかる？《教室内の廊下側の通路に立つ》
	133	K	°全然わからない°《俯いて首を少し左右に振りながら呟く》
	134	T3	先生の言葉があんまり聞き取れていないから《留Aの側へ行きながら全体に向けて》
	135	T3	わかる時はいいけど、先生が話しているときにわからないことあ↑る
→	136	T3	そうでしょ？《留Aに向かって言う》
	137	留A	《T3を見ながらうなずく》
→	138	T3	〈もっと言ってくれない［hhh ?
	139	Ss	［Ahhhhhhh
→	140	T3	先生、わからないって言ってくれると
→	141	T3	ああ、そうなのねって言えるので、とりあえず書いてきました。
	142	T3	《本日やる内容の手書きの資料を配布する》

（2024.5.22（水）「自己表現」）

一方、この確認作業の間にＴ３の「右手あげ→て[:」（１１２行目）という開始に対する応答として、Ｋが隣の席に座っていた筆者にやっと聞こえる程度の小声で「わからない」（１１５行目）という発話が挿入されている。しかし、Ｔ３は留学生Ａ~Ｄの方を向いて発話を開始している（１０７行目）という点から「左右」の理解は留学生の問題として捉えていることがわかる。その上で、クラス全体の「共同的笑い」（１１４行目）という理解を示す「共感」がクラス全体で共有されることによって、Ｋの「左右がわからないために間違えた」という論理はかき消されたと考えられる。

とはいえ、Ｔ３によって（問題文を）読めていない点が課題であることが確認され、「教師の喋る速度」（１２９行目）によって、日本語の文章を理解することが困難であるという認識が共有された。そして、翌週の授業では［断片５］のように再度理解に関する確認が

［断片6］「立体折り図」づくりという学習目標の呈示

	143	T3	鶴は象徴的なものなのでみんなには覚えてほしいのと (.)
	144	T3	いつか誰かに伝えるときに折り方を説明できるようにこういう風な
	145	T3	これ：立体折り：折り方。レシピ《黒板に「立体折り図」と書く》
→	146	T3	こうやって折れるよって (.) 各段階でめっちゃ折るから
	147	T3	これを作りましょうね：
→	148	T3	同じ色で作ってほしくて
→	149	T3	3枚…鶴は2枚半《折り紙の枚数を示す》
	150	T3	眠くなっちゃうから、自分で（折り紙）取りに来ようか

（2024.5.15（水）「自己表現」）

され、当該授業時間に学ぶ内容に関する手書きのプリントが配布されるようになる。この手書きのプリントの使用によって、Kも表現技法や製作の手順を確認しながら授業に臨むことが可能になるのである。

［断片4］の授業までは、T3は黒板を用いて表現技法を説明していたが、［断片5］では授業で説明する表現技法についての歴史や方法について書かれた手書きの資料をクラス全員に配布している（140・141行目）。その理由として、T3は特定の学生が「言葉が聞き取れない」ために「わからないことがある」と判断したからである。そして、留学生のAの側に立ちながらもT3の顔はクラス全体に向けられており、全体に対する確認であったことが理解される。留学生Aに（136行目「そうでしょ？.」）と投げかけ、それに対する応答も受けた後、「〈もっと言ってくれない［hhh？.」と強めの声で要求（138行目）しつつも末尾に笑いを入れることで、それに呼応したクラス全体の「共同的笑い」が冗談として終結する。

このように、T3は授業における「理解」の水準を確認しながらも、厳しさを前景化させずにプリントの活用という授業方法の変化を受け入れていくことを学生に要求するのである。先述したが、「自己表現」は表現技法に関する講義と製作の二側面から構成されている。上記では表現技法に関する知識の習得に関する伝達方法の変化を示したが、次は授業内で製作する作品についても目標が再設定されていく事例を検討していく。

授業の前半に折り鶴の歴史を説明した後、実際に折り鶴を使って「立体折り図」を作成することが学習目標として設定される場面である。「立体折り図」とは、折り鶴の折り方を説明できるように、作成過程の各段階が示された折り鶴のことである。そのために、「同じ色で作ること」と「(鶴は)二枚半の折り紙を使用すること」が求められる(148・149行目)。折り紙を用いて「立体折り図」を作成するために、T3は机間巡視をしながら、鶴を折ったことがない留学生や折り方がわからない日本人学生に対し、折り紙を持って一緒に折って作り方を伝えていく。合計四~五人の学生に対し、個別に「半分に折って、開く方を下にして…」等、T3が具体的に作り方を伝えていたが、その間に他の学生は同じ折り鶴をたくさん作り続けていたり、スマートフォンで折り紙について検索し、自分の好きなものを折ったりしている様子が見られた。

また、T3は机間巡視をしているときに留Eから「足つき折り鶴」の作り方を聞かれて、ハサミで切って広げて足にする方法を教えていた。つまり、目的とされていた「立体折り図」の製作に限定されない折り紙を用いた活動が教室の各所で展開され、T３もそれを許容していたことがわかる。

これらの行為は授業の冒頭で確認された「立体折り図」を作成するという学習目標とは異なるものである。しかし、この学習目標からの逸脱は学習活動の逸脱を意味しない。それはT３が学生の活動を通して学生がどの程度理解しているのかを把握し、学習目標がその都度変更されるからである。それはT３の次のような考えに基づいている。

個人作業ではなくてみんなで同じものを作る、同じテーマのものを作るっていうことを大事にしているのは、それが一体感を生み出すことにつながるから。それぞれ能力差はあるけど、自分を相手に見せて受け入れてもらう、受け入れられるようになる環境づくりをすることがみんなのつながりを作る。クラスに私がいる、認めてもらうっていうのにつながっていくと思うんだよね。（二〇二四年十二月三日（火）　T３インタビュー）

つまり、「自己表現」における学習活動はそれぞれの表現を受け入れ、そして他者から受け入れられる経験を通して「つながり」を生み出すことに重点が置かれている。教授―学習場面において作品がつくられなかったり、変更されたりすることによって、授業ごとの学習目標が変更されることがあ

［断片 7］教材の使用企図の変更と授業における学習目標の再設定

→	151	T3	折り方の見本をね、作って欲しい。一工程、一工程作って欲しい
	152	T3	これ 1 枚、これ 1 枚、これ 1 枚ってこれ作るのね《折り図を指差しながら》
	153	T3	Fhaaaaaa、それは最後、見本の最後に置けばいい《J の完成した折り鶴を見て》
	154	T3	できればこの折り方を作って、おんなじのを作って《黒板の前に立つ》
	155	T3	ここ、ここ 1 枚《立体折り図を指差しながら》
	156	T3	折り方がわかるよう［に《留 G の方を向く》
→	157	留 G	［(.) ア［a ?
→	158	Ss	［Ahhhhhhh
→	159	T3	1 枚折るのが終わらない ahaa か［haha
→	160	Ss	［ahaahahaha
	161	T3	結構難しいからな、鶴はな
	162	T3	折ろうか、とりあえず折ろう
	163	留 D	オッケ：：
	164	J	《J は折り紙を取りに行ったら、すぐに 4 等分して鶴をたくさん折り続ける》
→	165	T3	とりあえず話通じてないな、みんなやりたいようにやってる
	166	T3	Wahhhhhh
→	167	T3	みんなで鶴作ろう

（2024.5.15（水）「自己表現」）

るが、T３の「つながり」を生み出すための環境づくりという点は一貫している。

一方で、作品づくりの内容変更（学習目標の変更）はすんなりなされるわけではない。折り鶴の作り方を個別に具体的に伝えるだけではなく、［断片7］の「立体折り図」の製作が始まった段階では、最初の学習目標が繰り返されていた（151行目）。

このように、折り紙は折っているが、鶴の「立体折り図」を誰も制作していない中、黒板の真ん中においた見本の「立体折り図」を参照するようにT３が「立体折り図」を指差しながら何度も伝えていることがわかる（151・152行目）。このときに自席から立ち上がって折り紙を取りに行った留GがT3の発話と視線に気づいて、T3の方を向いて反応する（157行目）。そこでクラス全体で笑いが発生する。この一連の流れからT3は「立体折り図」を制作するという学習目標が共有できていないことを確認する（159・160行目）そして「鶴」を折ることは「難しい」こと、「話通じてない」から「やりたいことをやっている」ことが要因であると捉えている。そこで、「折り紙」を自由に折る、あるいは「鶴」を折るという学習目標へと変更していくのである（165・167行目）。このあとは、それぞれの学生は思い思いに好きな折り紙を制作しており、T3は出来上がった折り紙作品を教室の壁に掲示し、完成した折り鶴は千羽鶴のように連ねて飾っていた。そして学生たちは作品を教室前方のT3の元へ持っていきながら、掲示された作品をスマートフォンで撮影したり、お互いの作品の良いところを伝えあったりする時間が自然と作られていたのである。

このような緩やかな学習目標の再設定が行われている一方で、T3は折り紙を自由に折ることを認めつつも、「保育科目指す人はやった方がいい」と述べ、保育科への進学希望の留Dがひとりで「立体折り図」に取り組んでいく姿も見られた。したがって、「自己表現」の授業では、「つながり」という大きな枠組みの中で、その都度の協調的な相互行為で達成された「理解」を踏まえて学習目標や活動内容が再設定されていくといえよう。

Ⅴ．本章で明らかにしたこと

本章ではＹ専門学校のキャリアデザイン科の「好き発見講座」と「自己表現」の授業場面の分析を通して次の二点を明らかにしてきた。一点目は、身体的資源としての教材（道具）を組み込んだジェスチャーや視線が相互行為場面における「理解」の達成を示す重要な役割を果たしていることであり、キャリアデザイン科では授業場面であってもこのような非言語的相互行為が成立するという点である。

これまでの授業研究では、教師からの「質問（Initiation）」―学生の「応答（Reply）」―教師の「評価（Evaluation）」（以下、ＩＲＥ連鎖）（Mehan, 1979）が示してきたように、教師による発話に対して生徒が応答し、それに教師が評価を与えるという行為連鎖の存在が明らかにされてきた。そして、このような行為連鎖は授業を成立させるためにも必要であり、教師の発話に対して〝適切な〟応答や振る舞いがされるまでＩＲＥ連鎖が拡張されることも示されてきた（五十嵐　二〇一二）。従来の研究ではＩＲＥ連鎖の拡張事例の対象となりうるものであっても、キャリアデザイン科では教材（道具）を用いた授業実践によって、教師の発話に対するさまざまな非言語的応答が可能であり、その行為が〝適切な〟ものとして受け入れられることによって、どの学生も自分自身の「理解」の達成を示すことができていた。

二点目は、教師による学生に対する問いかけや学習目標の提示によって、学生がどの程度まで理解しているか、理解の範囲を限定化しながら、その都度目標を再設定する実践が行われている点である。なお、多様な背景を持つ学生が在籍するキャリアデザイン科は、次のような経緯のもと設立された。

不登校とかそういった子たちの行き場がないなっていうところを課題として捉えていたっていうところと、あと通信制高校に入学する子たちが増えている中で、その出口がちゃんとあるのかなっていうところでニーズがあるんじゃないかなって。卒業はするものの、やりたいことが決まってないとかモラトリアムの子たちの受け皿として専門学校で何かできないかなと思ってキャリアデザイン科を考えました。

（二〇二四年十一月六日（水）副校長インタビュー）

つまり、キャリアデザイン科は通信制高校を卒業した生徒にとって、進路決定前の「モラトリアム」として考えられているのであり、在学中の一年間は学生の多様なニーズに応えうるキャリア教育・職業教育機関としての役割を果たすことが求められている。そのため、学生によって異なる進路を辿るキャリアデザイン科の学習活動は、相互行為によって示される学生の「理解」に基づいて教材（道具）が変更されたり、学習目標が再設定されたりしながらも、個々の進路先に必要な技能の習得の仕方も提示されていく。このように、一見ゆるやかでありながら、複雑な参与構造のもとに学びがデザインされるのである。

注

（ⅰ）今回の分析における断片中の記号は会話分析で一般的に用いられるジェファーソン・システムのものを採用している。

以下に記号一覧を示す。

①連鎖上の特徴を示す記号

［　上下の行で二人以上が同時に話し始めている位置を示す
］　二人以上が同時に話している状態が解消された位置を示す
＝　前後の発話が切れ目なく続いていることを示す
（数字）　秒数の間が空いていることを示す
（.）　ごくわずかの間（おおむね〇・一秒前後）があることを示す

②発話の仕方の特徴を示す記号

文字::　直前の音が引き延ばされていることを示す　コロンの数が多いほど引き延ばしが長い
文字?　尻下がりの抑揚を示す
↑文字　直後に急に音が高くなっていることを示す
↓文字　直後に急に音が低くなっていることを示す
<u>文字</u>　下線部分が強められて発話されていることを示す
°文字°　この記号で囲まれた部分が弱められて発話されていることを示す
hh　呼気音を示す　hが多いほど呼気音が長い
文（h）字（h）　笑いの呼気音を重ねながら発話している部分を示す

〈文字〉　前後に比べてゆっくりと発話されていることを示す
＞文字＜　前後に比べて速く発話されていることを示す

③転記者から読者への注釈や説明を示す記号

《文字》　転記者によるさまざまな種類の注釈・説明を示す
右向き矢印　分析において注目する行を示す

(ii) Jは授業場面における相互行為では言葉を用いることはほとんどないが、特別養護老人ホームでの学外実習に参加した際、言葉によるコミュニケーションを行っていた。たとえば、レクリエーションを始める前に施設の人から一人ずつ順番に自己紹介を行うことが指示された際、自分の番で自分の名前を言うことができていただけではなく、「風鈴づくり」というレクリエーションでは、風鈴の色やシール、鈴など材料を利用者に選んでもらうというやりとりを行わなければならない状況にあったが、それらも「(お花の) シールはどうですか?」と一人の女性利用者に確認していた。また、Kの「風鈴づくり」の説明内容が男性利用者に伝わらなかった際に、男性利用者が側にいたJに対して作り方の教示を求め、それに応じたりする場面が見られた。通常の授業場面とは異なり、言語による相互行為を行うJに対して、周囲の学生や教員は「できたね」「話せるね」といったことは伝えることはない。話せるJ、話さないJのどちらも受け入れられてコミュニケーションは進行していくのである。そのような学びがキャリアデザイン科の環境では可能となっている。

上記の学外実習では、T1は二つに分けられたグループを移動したり、施設の方と打ち合わせをする必要があり、必ずしもJのグループに付き添えるわけではなかった。T1はインタビューの中で、「(Jは) すごく滅茶苦茶に配慮が必要かっていうと、意外とそうでもないって私は思っていて。やらなきゃいけない場面においてやる子なので、逆に手を出しすぎず、この場面は乗り越えられるかなって一歩ぐらい引いたところで見るぐらいが、うん。多分成長していくんだろうなって見てます。」と述べている通り、その場でJ自身の言葉を代弁するT1が不在の場合には、〝学級における居心地の良さ〟とは異なる関係性の中で新たなコミュニケーションを求められ、Jはそれに応じる能力があるのである。

(iii) KはT1と留学生Eの介入を受けてJに対する包帯巻きの実践を行っていた。誰かの教示がない限り、Kは一人で包帯巻きを実践することが困難であるという点から、ライルの指摘の通り、厳密にはT1と留学生Eの発言の「できた」がKの「理解」が達成されたことを示しているわけではない。それにもかかわらず「できた」という発話が生まれた背景には、授業場面では留学生Eが自分自身の課題にも取り組まなければならないということ、そして、T1も他の学生の取り組み状況を把握しなければならないことが想定される。そのため、一人の学生に他の学生や教員がずっと付き添って教えるということが難しい。「できた」(97・98行目)が示しているのは、留学生EとT1がKとの相互行為を終了させ、次の相互行為を展開させていくための区切りとなっているということである。

また、Kについては、「コミュニケーションが口頭で取れない」ということと「SNSに過剰に依存していること」、「学力も(クラスの中で)圧倒的に低いこと」がT1に対するインタビューの中で懸念されており、「保護者面談でももう全部もう包み隠さずしていても、やっぱご家族の認識としては優しい子っていうところでストップするので、障害とかは全く思ってないですね。」「就職が難しいですね。難しいと思います。いやもう、アルバイトとかもしたことないです。そういったのもやってみたらどうですかって話したんですけど、無理なんですよっていう、Kのお父さん。」という語りが得られた。

参考文献

五十嵐素子、二〇二三、「教育と会話分析」山崎敬一・浜日出夫ほか『エスノメソドロジー・会話分析ハンドブック』新曜社：二二六―二三七.

海老田大五朗、二〇二〇、『デザインから考える障害者福祉　―ミシンと砂時計』ラグーナ出版.

西阪仰、一九九二、「参与フレームの身体的組織化」『社会学評論』四三(一)：五八―七三.

西阪仰、二〇〇一、「道具を使うこと　―身体・環境・相互行為―」串田秀也・好井裕明『エスノメソドロジーを学ぶ人のために』世界思想社：三六―五七.

西阪仰、二〇一〇、『心と行為』岩波書店.

文部科学省、二〇一一、『今後の学校におけるキャリア教育・職業教育の在り方について（答申）』中央教育審議会.

Garfinkel, H. 1964, Studies of the Routine Grounds of Everyday Activities, *Social Problems*, Vol.11. No.3：225-250（＝一九九五、ハロルド・ガーフィンケル著「日常活動の基盤―当たり前を見る」北澤裕・西阪仰訳『日常性の解剖学―知と会話』マルジュ社：三一―九二.）

Garfinkel, H., 1967, Passing and the managed achievement of sex status in an "intersexed" person part 1'an abridged version in H. Garfinkel, Studies in *Ethnomethodology*, Prentice-Hall：116-185.（＝二〇一六、ハロルド・ガーフィンケル著「アグネス、彼女はいかにして女になり続けたか」山田富秋・好井裕明・山崎敬一訳『エスノメソドロジー　―社会学的思考の解体』せりか書房：二三三―三二二.）

Mehan, H., 1979, *Learning Lessons*: Social Organization in the Classroom, Harvard University Press.

Ryle, Gilbert 1949, *The Concept of Mind*, London, Hutchinson.（＝一九八七、坂本百大他訳『心の概念』みすず書房：二四四―二四五.）

第3部

研究方法論の検討

第8章 現象学／ポスト現象学と特別支援教育

呉 文慧

Ⅰ．本章の目的

本章の関心は、障害のある人びとと関わる実践者の実践、あるいはそれを生み出す彼／女らの実践知を記述する方法論について考察することである。具体的には私がこれまで進めてきた研究を例に、現象学とポスト現象学の展開可能性を提起したい。

私はこれまで自閉スペクトラム症（以下、ＡＳＤ）のある子どもたちと関わる特別支援学校教師の実践知について研究を重ねてきた。それは私のような素人には到底できないような素晴らしい実践を行う特別支援学校教師に魅了されてきたからである。

本章ではこうした特別支援学校教師の実践の内実や実践知を探究する上で、現象学とポスト現象学が有用であることを示す。本題に入る前に、まずは本章を追う限りにおいて必要な限りでＡＳＤに関連する議論を見ていこう。

II．意思疎通困難な他者

本章冒頭で私はＡＳＤ者を意思疎通困難な他者であると述べた。ではなぜＡＳＤ者は定型発達（以下、ＴＤ）者にとって意思疎通困難であると感じられるのだろうか。

この説明には大きく二つの立場がある。一つは、ＡＳＤ者がＴＤ者に比して何か能力の欠陥があるために意思疎通が困難であるとして、欠陥を通してＡＳＤ者をみる立場である。もう一つは――これが本章の立場であるが、ＡＳＤ者のあり方がＴＤ者とは異なるあり方をしているとして、差異を通してＡＳＤ者をみる立場である。それぞれについて概観していこう。

一つ目の立場に関しては、アメリカ精神医学会が出版している『精神疾患の診断・統計マニュアル（Diagnostic and Statistical Manual of Mental Disorders）』をその代表として見ることができる。そこでＡＳＤは、社会的相互作用（social interaction）・社会的コミュニケーション（social communication）（以下、これらをまとめて「社会的相互作用」と表記する）の持続的欠陥を中核にもつ、神経発達症のうちの一つであると定義されている。そして社会的相互作用の欠陥として「対人的に**異常**な近づき方や**通常**の会話のやりとりのできない」ことや、「アイコンタクトと身振りの**異常**」などが例としてあげられている（米国精神医学会　二〇二三：強調は筆者）。これまで、こうしたＡＳＤ者の社会的相互作用の欠陥は、たとえば他者の信念（belief）を理解したり推論したりする心の理論の発達の遅れや異常という観点から説明されてきた（Baron-Cohen, 2000）。つまりＡＳＤ者は、他者の心的状態を理解する能力が欠陥しているために社会的相互作用に「異常」が見られると考えられてきたのである。

しかし、このように欠陥を通して障害のある子どもを表象することは、障害のある子どもをＴＤの子どもと比べて劣った存在と見なすという弊害がある（楠見　二〇二二）。さらにＡＳＤのある子どもの能力に何らかの欠陥があるとする見方は、彼／女らに対してその欠陥を補償する教育的かかわりを志向させるようになる（呉　二〇二三ａ）。たとえばＡＳＤのある子どもは、対人葛藤の解決スキルである「相互交渉スキル」が低いためこれを向上させる支援プログラムを実施する（長峰ら　二〇一五）と考えるのはその典型だろう。だが、こうした教育的かかわりは、障害のある子どもが操作される客体であり、自発的行為者であるという側面が軽視される恐れがあることが指摘されている（河野　二〇一三）。

これに対し本章も立脚するもう一つの立場では、ＡＳＤ者のあり方に焦点を当て、彼／女らのあり方がＴＤ者のそれとは異なっていることを重視する。これは近年注目されている神経多様性（Neurodiversity）という考え方（Jaarsma & Welin, 2012）に代表的である。神経多様性においては、ＡＳＤ者がＴＤ者に比して欠陥がある、あるいは劣っているという視点は退けられ、ＡＳＤ者とＴＤ者の違いは優劣をともなわない、単なる脳神経の差異に帰着する。

このように考えれば、ＴＤ者とＡＳＤ者の意思疎通が困難なのは、互いの重視する文化的基盤に差異があるからだと説明できる（大内・山本・渡辺　二〇二三）。たとえば社会的相互作用の重要な要素である「共感」に焦点を当てた研究において、ＡＳＤ者はＴＤ者ではなく、ＡＳＤ者に対してであれば共感が生じやすいことが明らかになっている（Komeda et al. 2014）。つまり、ＡＳＤ者は「他者に共感する能力」なるものが欠如しているのではなく、重視する文化的基盤が異なるＴＤ者に対して共感することが難しく、重視する文化的基盤が類似しているＡＳＤ者に対してであれば共感することができるのである。

では、ＴＤ者と異なるというＡＳＤ者のあり方はどのようなものなのだろうか。

Ⅲ．意思疎通困難な他者の現象学

ＡＳＤ者のあり方については、専門家による「外部」からの記述ではなく、ＡＳＤ当事者たち自身による「内部」から記述することの重要性が議論されてきた。その代表として「当事者研究」があげられる。当事者研究とは、精神障害の当事者たちが暮らす「浦川べてるの家」で始まった、障害や問題を抱える当事者自身が自らの問題に向き合い、仲間とともにそれを「研究」する営みのことを指す

（石原　二〇一三）。ＡＳＤにおいても、ＡＳＤ当事者である綾屋紗月（二〇一三）が当事者研究行っている。そこではＡＳＤ当事者の困り感の中核には類似の経験構造を持つ他者が身近に存在しなかったために「自己感」が不安定であること、そして社会的相互作用の欠陥はそうした「自己感」を核とした「自分の軸」がなかったために、気が合いそうな相手には接近し過ぎてしまい、また自分と関心や信念が異なる相手には蔑視や無関心を向けてしまうために生じていたと分析した。このように当事者の主観から困難の原因を捉えることはその解決において重要な示唆を与え、綾屋（二〇一三）も当事者研究を重ねる中で「自分の軸」ができたことにより他者と適度な距離で接することができるようになったと述べている。

さらにＡＳＤ者のあり方を「内部」から記述する当事者研究以外の――そして当事者研究と共通する考えをもつ方法論として現象学があげられる（河野　二〇一三）。なぜなら現象学は「姿を見せるものを、それ自身から姿を見せるままに、それ自身から見えるようにする」ものであり（ハイデガー　二〇一三：四九）、まさに経験の当事者の世界を経験の当事者から見えるように記述することを志向する方法論だからである。

そして現象学を基盤においた教育では、このように当事者の世界を明らかにすることで、当事者にとって適切な教育的な関わりができると考える。たとえば河野哲也（二〇一五）はＡＳＤ 当事者の手記や当事者研究を参照し、ＴＤ者が自己決定を任せることのできる身体を有しているのに対し、ＡＳ

D者の身体は「細かすぎるレベルでいちいち自己決定を自分に尋ねてくる」ような「安心して任せることのできない」ものであると述べる（二〇四―二〇五）。これはTD者ならば喉が渇けば自然と飲み物を飲むことができるのに対し、ASD者は誰かが声をかけてくれなければ飲み物を飲むことを忘れてしまうことをイメージすればわかりやすいだろう。ここから河野（二〇一五）は、援助者が普段からASDのある子どもと密接なコミュニケーションをとり、彼／女らが安心して任せられる身体のようになることを提案する。

このように意思疎通困難な他者のあり方を探究する現象学は重要な知見をわれわれに提供する。これに加え、現象学では意思疎通困難な他者に対して、意思疎通困難な他者とコミュニケーションを成立させる実践者のあり方を探究する現象学も研究が蓄積されてきた（村上 二〇二一）。次節ではこれを見ていこう。

Ⅳ．意思疎通困難な他者とかかわる実践者の現象学

現象学が意思疎通困難な他者と関わる実践者についての研究を蓄積してきた理由として、意思疎通困難な他者と実践者の間でなされるコミュニケーションが、第三者からみてとることができないのみならず、実践者自身もはっきりと自覚できないような前意識的な領域、つまり〈身体〉の次元で行わ

れており、現象学がそうした〈身体〉を扱うことがあげられる（西村 二〇一八）。ここで述べる〈身体〉とは、あらゆる行為や知の「地盤」、そして「源泉」として機能し、完全な状況理解も概念的明晰性もないままに意味を帯びた状況に反応することができるものを指し（ベナー・ルーベル 一九九九）、暗黙的に発揮される知と接近した意味を持つものである。教師の実践知は固有の実践に文脈的で、行為の中に埋め込まれている暗黙的なものことが指摘されているため（ショーン 二〇〇一）、前意識的で暗黙的な知の源泉である〈身体〉を扱うことは、教師の実践知を取り扱う上でも有用であろう。そのため、本章では現象学が意思疎通困難な他者と関わる実践者についての理解を深めていく。

意思疎通困難な他者とコミュニケーションを成立させる実践者の実践知を現象学的に探究した代表としては西村ユミ（二〇一八）の研究があげられる。そこでは「客観的」な測定や観察では意思疎通が成立しないと考えられていた植物状態患者とコミュニケーションをとる看護師の実践知が現象学的に探究された。結果として、看護師は植物状態患者とのコミュニケーションを、看護師と植物状態患者が全体として一つの現象の裏表となっているような自他未分の原初的地層において経験している、あるいはそこにおいて成立させていることが明らかになった。

そして私は意思疎通困難な他者としてＡＳＤのある子ども、彼／女らと関わる実践者として特別支援学校教師を取り上げ、これまで研究を進めてきた。ここからはその具体的な内容と研究の進め方について説明したい。

現象学といってもその内実は多様であるが、私が特に依拠してきたのはハイデガー（Heidegger, M.）の解釈学的現象学である。『存在と時間』においてハイデガー（二〇一三）は、実践者の日常的に発揮される技能は実践者の存在の内に常に既に埋め込まれていると述べている。これは熟練した大工がハンマーを使用する際に使用の方法についてあれこれ熟慮することなく、端的に使いこなしている姿をイメージするとわかりやすいだろう。

ドレイファス（Dreyfus, H. L.）はこうしたハイデガーの思想を発展的に継承し、実践者の技能を探究する現象学を提唱した。ここで重視されるのが表象を経ない実践者の端的な行為、あるいは習慣として発揮される「振る舞い（Practices）」としての実践と、それを可能にする背景としての「世界（Welt）」である（ドレイファス 二〇〇〇）。つまり人間存在である「現存在（Dasain）」は、振る舞いを可能にする背景としての世界に住み込んでいる「世界内存在（In-der-Welt-Sein）」であり、実践者の技能を探究するためには彼／女らの住み込む世界の構造を明るみに出すべきだと考えたのである（Ibid.）。

現存在である実践者は常にすでに自らの存在を解釈し開示しているため、彼／女らの世界の構造はたとえば実践者の語りのうちにつねにすでに現れている。しかしそれはぼんやりとした「前存在論的存在了解」であるため、解釈を通じてそれらを明るみに出す必要がある（Ibid.）。私はこうした探究の際、ドレイファスの「技能の現象学」を看護領域の経験的研究に援用したベナー（Benner, P.）に依拠して解釈を行ってきた。なぜならベナーは実践者の世界の探究において、彼／女らが何を「気づかい（caring）」、あるいは何を「ケア（care）」しているのかを中核に置いて彼／女らの世界の構造を理解しようとする特徴があり（ベナー・ルーベル　一九九九）、特別支援教育実践を読み解く上でも「ケア」の視点は重要であると考えたからである。

具体的な手順として、これまで私はベナー（二〇〇六）が実践者の世界の構造を探究する際に用いる五つの道標を参照してインタビューデータを解釈してきた。ベナーの用いる五つの道標とは、①「状況（situation）」（その状況がスムーズに機能しているか否か）、②「身体性（embodiment）」（身体に染みついた知識、当たり前で意識されていない身体的な反応など）、③「時間性（temporality）」（人が自身を未来に投影したり過去から自身を理解したりする方法）、④「関心事（concern）」（状況においてその人が意味深く方向付けられる、その方向付けられ方）、⑤「共通する意味（background meaning）」（人々の間で前提となっていること）である（Ibid.）。これらは実践者がどのような時間の中を生きているかという「時間性」の視点を根幹に据えつつ、その中で実践者はいかなる「身体性」や「共通する意味」を獲得したのか、そして実践者が何を大事に思う「関心事」を有し、それに応じて環境がどのような「状況」として立ち現れているのかというように、有機的に連関し世界を構成している（榊原　二〇一八）。

私はこうした観点から、特別支援学校の教師がＡＳＤのある生徒に対してどのように関わり関係を深めていったのか、そしてその際にどのような実践知が発揮されたのかを明らかにすることを目的にインタビューを実施し研究を行った（呉　二〇二四）。

ここでは，紙面の都合で五つの道標の中から特に興味深い語りが得られた「状況」のみに着目した上で，それを教師の語りからどのように解釈したのかを例示しよう。具体的には研究に協力していただいた特別支援学校教師のA先生が，どのような状況をスムーズである／でないと感じているのかをみていく（「状況」以外の分析については呉（二〇二四）を参照していただきたい）。以下は歌詞ボードの中から「む」という平仮名を探すという独特の遊びを好んでいたαさんとの関わりについてのA先生の語りである。なお、語り内の（　）は私による補足を、【　】はA先生の行動の補足を、（…）は省略を、太字は私の強調をそれぞれ意味する。

（α君との）関わりの中で大事にしたのは、一緒に「む」を、同じように探すとか。α君が、ちょっと心揺らせることには、私も一緒に喜びたいって思って、関わらせてもらいました。（…）好きなことはずっとグルグルして（「む」を探すなどの定形の関わりのパターンを繰り返して）るんだけど、そこから、こっちもオリジナリティ出しながら返した時に、「またあれして」みたいになるのが、すごく、その子との関係づくりする上で、大事なんじゃないか、大事にしてきたって思っていて。（…）最初はある意味、（私とα君は）横並びで。一緒に、α君が「む」を探してたら、横で見とく、みたいなのから、だんだん、私の立ち位置が、こう（正面に）なってくるみたいな【横並びから正面に相対するように変化する手のジェスチャー】。（…）

正面のほうに、ちょっとずつなって。最初は、横並びだったのが、だんだんと関わってきて、同じものを見ながらも、ちょっと距離は空いてて、少し、私のそのオリジナリティも発揮しながら、正面まで行くかはわからないですけど。（…）

とことんα君が見えてることを、まずは想像を、私なりに膨らませる。ちょっとぬるっと、隣に入るみたいな感じから、斜めになっていって。α君の中でも、それが嫌じゃないとか、それが面白い、みたいなことを思うと、入っていけるんですかね。

A先生がαさんに対して「横並び」の位置にいると感じるのは、「一緒に『む』を、同じように探す」なかで「一緒に喜」ぶように、A先生がαさんと情動を共有しつつ同じ活動をしている状態である。この「横並び」の立ち位置において、A先生は「とことんα君が見えてることを、まずは想像を、私なりに膨らませる」ことで、αさんと同じものを同じ向きで見ようとしている。

「横並び」の関係は、関係が深まるにつれて徐々に「斜め」の関係へと変容していく。A先生がαさんに対して「斜め」の位置にいると感じるのは、A先生が自らの「オリジナリティ」を発揮し徐々に「正面の方」に移動することで、「同じものを見ながらも、ちょっと距離は空いて」いる状態である。このように「斜め」の位置にいてA先生が「オリジナリティ」を発揮することができると、「グルグル」と安定していたαさんの円環のリズムが乱され、αさんは豊かな――これまでになかった新しい世界へと移行していく。

こうしてA先生は、情動を共有しつつ同じ活動をする「横並び」になることで意思疎通困難な他者であるASDのある子どもたちとコミュニケーションを成立させ、さらに「斜め」になることで変化を嫌い固定的な世界に住まうことを好むASDのある子どもたちをより豊かな世界へ誘っていることが明らかになった。

ここからA先生はまずは「横並び」の立ち位置にいる「状況」を、そしてそれ以上に「斜め」の立ち位置にいる「状況」を好ましいと感じる世界に住み込むあり方をしていると分析することができる。以上では、特別支援教育実践に対する現象学的分析を例示した。次節では近年、注目されている「モノ」に着目した現象学――ポスト現象学の可能性を提示したい。

V. モノと実践――ポスト現象学へ

本書でも繰り返し指摘されているモノの重要性は、特にアクターネットワークセオリー（ラトゥー

ル　二〇一九、以下、ANT）において議論されてきた。ANTの特徴は、人間のみならず、モノ、知識、技術といった非人間にもエージェンシー（agency）を見出すことである。「主体性」や「行為主体性」とも訳されるエージェンシーは、ANTにおいてある事態に何らかの変容や差異を作り出すものとして報告に現れるものであり（Ibid.）、換言すれば「行為や作用を生み出す力」のことである（栗原　二〇二二、x頁）。つまり、ANTでは、人間がモノに働きかけ使用するだけでなく、モノが人間に働きかけ人間を変容させることを認めるのである。では、このようにモノにもエージェンシーを認めることによってどのような意義があるのだろうか。

その一つとして人間／非人間といった区別を保留することで、ある現象を記述する際に、分析者の先入観で軽視されてきた要因や要因間の関係を新たに発見できることがあげられる（金　二〇二一）。たとえば電子黒板を使用した授業において、電子黒板が教師の代替として機能し、生徒の行動を導いて対話的空間を創出することが指摘されている（楠見　二〇二二：Warwick, Mercer, Kershner, & Staarman, 2010）が、これはこれまで見過ごされてきた電子黒板というモノが、授業においてエージェンシーを発揮し、生徒に対して行動を変容させるように働きかけていたことを明らかにした研究として位置づけられるだろう。

このようにANTとは従来人間のみがもつと考えられていたエージェンシーを非人間も有すると考え、人間と非人間の両者を等しくアクターとして扱い、アクターたちが織りなすネットワークを分析するものである（金　二〇二二）。

そしてANTを取り込んだ現象学が、ポスト現象学であると整理できよう。ポスト現象学ではANTの知見を援用しつつ、人間の知覚や行為、そしてそれらの地盤となる志向性が非人間によって媒介されているため、人間の志向性を分析する際には人間と非人間がどのような連関をしているかに着目する必要があると主張されている（フェルベーク　二〇一五）。ここで述べる志向性とは、従来の現象学からポスト現象学を貫く鍵概念であり、人間の知覚や行為が意識や前意識を問わずつねにすでに何かに差し向けられていることを指す（ベナー・ルーベル　一九九九）。たとえば、授業を行う際に若手教師たちは自らが作成した授業計画案通りに授業を進めるような志向性を有していることが多いのに対して、熟達した教師たちは教室の「雰囲気」としか表現できないような、子どもたちと教師の織りなす状況全体の文脈に気を配って授業を行うような志向性を有していることが多い。このように、人間は似た状況にあっても、それぞれがどのような志向性を有しているかによって、それぞれ違う方向へと差し向けられて実践を行なっているのである。

ポスト現象学ではこうした志向性がつねにすでに非人間によって媒介されていると考える。これは現代の人間がメガネやテレビや携帯電話などのモノによって媒介されていることを考えればわかりやすいだろう（Ihde, 1998）。つまり、人間主体の存在様態は非人間によって媒介された「ハイブリッドな主体」であり、そうした主体の志向性は、つねにすでに非人間のエージェンシーと不可分に結びつき、あるいは融合している「ハイブリッドな志向性」として捉えるのが適切なのである（フェルベーク二〇一五）。このように考えれば、従来の現象学は人間の志向性を純粋なものとして捉えるきらいがあり、非人間によって媒介されている「ハイブリッドな志向性」を分析の射程に入れていなかったことがわかる（Ibid.）。

こうした考えに基づくポスト現象学の経験的研究としてアーガード（Aagaard, J. 2017）は、Power Point（Microsoft Corporation. 製）が教師の志向性を媒介し、教師が複雑な物語やデータではなく、箇条書きで表現できる単純で直線的に表現できる情報で授業をするように誘われていることを示した研究（Adams & Thompson, 2011）を紹介している。このようにポスト現象学の特徴はハイブリッドな志向性という観点から教師を分析する点にあるといえよう。

ハイブリッドな志向性を分析する上で重要な概念は、非人間の持つ「複数安定性（multistability）」である（フェルベーク　二〇一五）。まず非人間に複数安定性があるとは、端的にいえば「一つの技術が使用の文脈に導入される仕方によって、さまざまに異なる『安定状態』を持つ可能性がある」（Ibid.：19）ということを意味する。たとえばベンチには「座る」、「寝る」などといった複数の安定性が存在しているが、近年の座席と座席の間に仕切りを置かれたベンチ（以下、排除ベンチ）は、「寝る」という安定性が意図的に削減されている状態であると解釈することができる（Rosenberger, 2014）。

非人間の複数安定性という概念は、それぞれの安定性が人間の志向性に対し、それぞれどのように影響を与えているのかを分析することを可能にする。先に紹介した「寝る」という安定性が削減されている排除ベンチを例に考えてみよう。排除ベンチに媒介されると、普段ベンチの「座る」という安定性に依拠している人びとの志向性にはほぼ影響がないものの、たとえばホームレスの人びとのようにベンチの「寝る」という安定性に依拠していた人びとはベンチの周辺で長居することを避けるような志向性が形成される（Ibid.）。つまり非人間は複数安定性を持ち、それぞれの安定性が人びとの志向性をさまざまに媒介し、多様なハイブリッドな志向性を生み出すエージェンシーを発揮するのである。

本章では分析の具体的な手順として、ここではアーガード（二〇一七）が教育分野でポスト現象学的研究を行う際の方法として紹介していた「八つの発見手法（eight heuristics）」（Adams & Thompson, 2011）を参考にフィールドノーツやインタビューデータの分析を行うことを勧めたい。八つの発見手法は非人間の機能や媒介作用を探究するために用いられるものであり、「物へのインタビュー（Interviewing Objects）」という独特のアイディアを実現する際に参照され、主としてエスノグラフィーでの使用が想定されているものである（Ibid.）。しかし、アーガード（二〇一七）はこれを非人間に媒介された経験についての人間のインタビューデータへ適用することも有益であると述べているため、私はこれがフィールドノーツのみならず教師のインタビューデータの分析に際してもこれに依拠して分析を行うことが可能であると考えている。

八つの発見手法の内実は、①〈アクターを追い／倣うこと（following the actors）〉——人間／非人間といったアクターを追い／倣いながらアクター間の相互作用に注目すること、②〈モノが誘いかけてくる声を聞くこと（"listening" for the invitational quality of things）〉――非人間がわれわれに何を語りかけているのかを聞くこと、③〈人間と技術の関係の連続体を識別すること（discerning the spectrum of human-technology relations）〉――技術がどのようにわれわれの一部になっているのかを見極めること、④〈人間と技術の増幅／減衰構造を認識すること（recognizing the amplification/reduction structure of human- technology relations）〉――技術が人間の何を増幅させ、何を減衰させるのかを認識すること、⑤〈メディアの法則を応用すること（applying the laws of media）〉――メディアが何を強化し、置き換え、取り戻すのか、そして究極的にそれが何を生み出すのかを問うこと、⑥〈故障やアクシデントの研究（studying breakdowns and accidents）〉――故障やアクシデントによって明らかになる日常的で親密な非人間とのつながりを調べること、⑦〈緊張の緩和（untangling tensions）〉――人間と非人間のネットワークに変化が訪れた際、それがどのように安定するのかを注目すること、⑧〈協働行為者の構築（construct co(a)gents）〉――人間と非人間を一つの協働行為者として概念化しその絡み合いを分析することである（Adams & Thompson, 2011）。

八つの発見手法に依拠したポスト現象学的探究は、呉・馬場（印刷中）においてＩＣＴ教材とハイブリッドになった社会科教師を対象に行っているのでそちらも参照してほしいが、本章では一貫してＡＳＤのある子どもと関わる教師の実践に焦点を当ててきたため、ここでは以前私が行った研究（呉二〇二三b）をポスト現象学の観点から再解釈したものを提示しよう。

本研究では授業実践を行う主体――結論を先取りすれば教師―モノというハイブリッドな主体の志向性に焦点をあて、インタビューで語られることの多かった事象に基づき、次のような手順として八つの発見手法を再構成した。まず対象教師や対象生徒、そしてモノに代表されるアクターたちがどのように相互作用を起こしていったのかを分析した（①〈アクターを追い／倣うこと〉）。

次に授業で使用されるモノの複数安定性を分析し（②〈モノが誘いかけてくる声を聞くこと〉）、それぞれの安定性と連関することで対象教師や対象生徒の志向性をどのように増幅／減衰させたのか（④〈人間と技術の増幅／減衰構造を認識すること〉）を明らかにした。

最後に対象教師とモノの結びつきが、どのようなハイブリッドな志向性を形成していたのかを示す（⑧〈協働行為者の構築〉）。これは、後に語られるようにアクシデント的に生起した授業時の対象生徒のパニック（⑥〈故障やアクシデントの研究〉）と、それを経て対象教師の志向性がどのように変容したのか（⑦〈緊張の緩和〉）に照らすことで際立たせることができるだろう。

研究に協力していただいたのは前節と同じくA特別支援学校に勤める教師で、高等部を担当するB先生とC先生であった。そこでは授業の様子をフィールドワークで観察し、その後、先生方にインタビューを実施した。対象とする授業は「食品生産」で、焦点を当てた生徒は高等部3年のβさんである。βさんは年間を通じて同じドーナツを作り続けるなど「こだわり」の強い面があると評価されていたが、フィールドワークの中では自分の好きな先生に積極的にコミュニケーションを取りにいく姿が多く見られるなどの場面も観察された。

研究実施年度、食品生産では年間を通じてドーナツを作るという実践が行われていた。食品生産の特徴は「どのようなドーナツを作るか」（チョコ、チーズといった味や、ねじる、編み込むといった形を決める）、「それを誰にプレゼントするか」（研究実施校の全職員と高等部に在籍する全生徒の中から選ぶ）を授業の冒頭で教師と生徒が話し合って決めることである。以下、B先生とC先生の語りを見ていこう。一つは「食品生産」でドーナツを作ることになった経緯で、もう一つは生産するドーナツが「サクサクってしたドーナツ」からイーストドーナツへと変容していった理由を語った場面である。

B先生：今年に関しては、まず、男の子二人（対象生徒以外の対象授業に参加する生徒）、**超偏食なんですね。食べられるものがすごく限られた中で、まあその子らと一緒にみんなで食べれるものっていうのが一個目**（の制約として）あって。その次に（クリームを）泡だててケーキ作るだけの工程じゃあ広がらへん、なんかこう、**自分の手でこねこねこねこねしながら作っていけるもの**ってなった時に、**今年はたまたまドーナツ**やったんやけど。（…）**その集団見て、この集団だったらっていうところで考えてます。**

ここから食品生産の活動を決める上で、①「超偏食」のため「食べるものがすごく限られている」生徒がいるために彼らであっても食べられるモノであるという生徒の実態による制約があったこと、②「自分の手でこねこね」できるように手指の使用機会が多い活動を求める教師の教育的意図があったこと、以上の二つが重要な要素であったかがわかる。そして、③これらを満たすものとして「ドーナツ」というモノの特性が最適であると判断されていた。このように授業は生徒の実態、教師の教育的意図、さらにモノの特性という三者の相互作用によって作られていることがわかる（①〈アクターを追い／倣うこと〉）。

しかしこのドーナツ作りの実践は、初回の授業実施に際してβさんが「怒って」「泣い」たことにより、変容を迫られる。

B先生：（教具の設定は）失敗もしましたけどね。今年も。**初めは、サクサクってしたドーナツ**（**だったんです**）。あれZくん（偏食のある男子生徒）が好きやって言ってたから、それでやったんですけど、**一回目。そしたらそれ、クッキー生地みたいで、ボソボソして。形**（**作り**）**できないのにβちゃんが「リボンドーナツしたい」って言って。リボンの形作ったけど揚げる段階でボロボロになって。怒って。泣いて。**ねえ。人の生地とか取ったりして。すごい事件があって。そうそう。このままではあかんと思って、こっち（イーストドーナツの生地）に切り替えたんですけど。毎年最初の一ヵ月は試行錯誤でしたよ。（…）

C先生：教師はやっぱり子どもらの実態も、たぶんこれやったら子どもらに、作ることもそうやし、食べることも楽しみやら手応えもってやってくれるだろう、って思うけど、やっぱりその授業の中でズレがやっぱりね。（…）結局こう生地の可塑性っていうのかな、ボソボソしてしまって。意外と、そういうβちゃんが形作りにこだわってたりとか、後からわかるんですけど。（…）実際ね、提案してみて、それに一〇〇パーセント、（最初から）「これでいける！」っていうのはまずないです。（…）やっぱり実際の子どもらに下ろしてみた時に、ここは変えていかなあかんな、子どもらにはちょっと難しい、いろんなところが見えてくるので。そこをどんどんどん変えていきながらっていうのは、やってますね。

当初、教師がドーナツ生地に見出していた安定性はクラスの生徒が全員食べられる、というものであった。一方、βさんはドーナツ生地に対し、形作りができるという安定性を見出し、ドーナツ生地を用いて「リボン」などの形作りがしたいという志向性が増幅され、単にみんなで食べることができるから満足という志向性は減衰している（④〈人間と技術の増幅／減衰構造を認識すること〉）。このようにドーナツ生地の複数安定性は教師の予測と実際のβさんの姿の間に「ズレ」を生じさせる（②〈モノが誘いかけてくる声を聞くこと〉）。

具体的には、当初用意されていた「サクサクってしたドーナツ」の生地では、「生地の可塑性」が低かったためにβさんはドーナツ生地での形作りをすることができなかった。こうした「ズレ」はβさんが「怒って」「泣い」てしまうという「すごい事件」を引き起こしてしまった（⑥〈故障やアクシデントの研究〉）。ここから教師は授業実践において、単に「自分の手でこねこね」と手指を使用することから、さらにそこに「形作り」という要素を加えた活動を志向するようになる。そして食品生産の授業はイーストドーナツの生地で形作りをするという実践に落ち着いた（⑦〈緊張の緩和〉）。

ポスト現象学の観点から考えれば、授業実践は、教師が単独で行うのではなく、つねにすでに教師―モノ（ドーナツ生地）というハイブリッドな主体が行っていると解釈できる（⑧〈協働行為者の構築〉）。なぜなら教師のみが主体で、授業で使用されるモノは教師の目的をただ達成するだけの客体であるとする場合、「サクサクってしたドーナツ」からイーストドーナツへと授業で使用されるモノが更新されたことの説明ができないからである。ここではドーナツ生地というモノのエージェンシーが授業実践を作り替えていると考えられる。

Ⅵ．小括

本章では、障害のある人びとと関わる実践者の実践、あるいはそれを生み出す彼／女らの実践知を記述する方法論について、私がこれまで行ってきた研究を例に現象学とポスト現象学の魅力を語ってきた。

うまく語ることができたのか自分ではわからないが、本章を読んで「私も現象学／ポスト現象学で研究を進めてみたい」と思っていただけたら幸いである。

謝辞

本稿の執筆において、特にＡＳＤにおける心理学的な知見については神戸大学大学院人間発達環境学研究科博士課程後期課程に在籍する横田慧さんに非常に有益なコメントをいただいた。心から感謝します。しかし，もし記述に誤りがあったとしてもその責任は全て私にあります。

参考文献

綾屋紗月、二〇一三、「当事者研究と自己感」石原孝二（編）『当事者研究の研究』一七七―二一六．医学書院．
石原孝二、二〇一三、「当事者研究とは何か――その理念と展開」石原孝二（編）『当事者研究の研究』（一一―七二）．医学書院．

大内雅登・山本登志郎・渡辺忠温（編著）、二〇二三、『自閉症を語りなおす――当事者・支援者・研究者の対話』新曜社.
金信行、二〇二一、「経験的研究においてブリュノ・ラトゥールの理論はいかなる意義を持つのか：ラトゥールが行った経験的研究の比較検討に基づくアクターネットワーク理論の学説史／理論研究」ラトゥール、B.・ウールガー、S.『ラボラトリー・ライフ――科学的事実の構築』（立石裕二・森下翔、監訳）（二八九―三〇六）. ナカニシヤ出版.（Latour, B., Woolgar, S. 1986, *Laboratory Life: The Construction of Scientific Facts* (2nd ed.). Princeton University Press.）
楠見友輔、二〇二一、「ニュー・マテリアリズムによる教育研究の可能性――物と人間の関係に焦点を当てて」『教育方法学研究』四六：二五―三六.
楠見友輔、二〇二二、『子どもの学習を問い直す――社会文化的アプローチによる知的障害特別支援学校の授業研究』東京大学出版会.
栗原亘編著、二〇二二、『アクターネットワーク理論入門――「モノ」であふれる世界の記述法』ナカニシヤ出版.
呉文慧、二〇二三a、「ASDのある子どもに対する教師の実践の類型化――社会的相互作用に着目して」『神戸大学発達・臨床心理学研究』二二：四八―五六.
呉文慧、二〇二三b、「教師はどのようにASDのある生徒と社会的相互作用を成立させているのか――授業の「不調」場面に焦点を当てた現象学的探究」『質的心理学研究』二二：七―二四.
呉文慧、二〇二四、「特別支援学校教師はどのように自閉症のある生徒に関わっているのか：教師の実践知に対する現象学的探究」『臨床実践の現象学』六：一―一六.
河野哲也、二〇一三、「当事者研究の優位性――発達と教育のための知のあり方」石原孝二（編）『当事者研究の研究』（七三―一一一）医学書院．
河野哲也、二〇一五、『現象学的身体論と特別支援教育――インクルーシブ社会の哲学的探究』北大路書房．
榊原哲也、二〇一八、『医療ケアを問いなおす：患者をトータルにみることの現象学』筑摩書房
ショーン、D.、二〇〇一、『専門家の知恵――反省的実践家は行為しながら考える』（佐藤学・秋田喜代美、訳）ゆみる出版．（Schön, D. 1984, *The Reflective Practitioner: How Professionals Think in Action*. Basic books.）
ドレイファス、L. H. 二〇〇〇、『世界内存在――「存在と時間」における日常性の解釈学』（門脇俊介、監訳）産業図書．（Dreyfus, L. H. 1991, *Being-in-the-World: A commentary on Heidegger's Being and Time, Division 1*. The MIT Press.）
長峰伸治・入野奈穂・野村香代・望月直人・辻井正次、二〇一五、「自閉症スペクトラム障害（ASD）児・者に対する相互交渉スキル支援プログラムの実践と効果（その一）――認知面への効果を中心に」『聖隷クリストファー大学看護学部紀要』二三：一一―二五．
西村ユミ、二〇一八、『語りかける身体――看護ケアの現象学』講談社．
ハイデガー、M. 二〇一三、『存在と時間』（高田珠樹、訳）作品社．（Heidegger, M. (1927) *Sein und Zeit*. Max Niemeyer.）
馬場大樹・呉文慧、二〇二二、「教師とＩＣＴ教材の関係性を再考する――ポスト現象学における『ハイブリッドな志向性』に基づいて」『神戸大学大学院人間発達環境学研究科研究紀要』一六（一）：四七―五八．
フェルベーク、P.-P.、二〇一五、『技術の道徳化――事物の道徳性を理解し設計する』（鈴木俊洋、訳）法政大学出版局．（Verbeek, P. -P. 2011, *Moralizing technology: Understanding and Designing the morality of Things*. University of Chicago Press.）

米国精神医学会、二〇二三、『DSM-5-TR 精神疾患の診断・統計マニュアル』（高橋三郎・大野裕、監訳）．医学書院．（American Psychiatric Association. (2022). *Diagnostic and statistical manual of mental disorders (5th ed test rivision.)*. American Psychiatric Association.

ベナー、P．二〇〇六、「健康・病気・ケアリング実践についての研究における解釈的現象学の流儀と技能」ベナー、P．（編）、『ベナー解釈的現象学――健康と病気における新体制・ケアリング・倫理』（相良－ローゼンマイヤーみはる、監訳）（九三―一一八）．医歯薬出版．（Benner, P. (1994) The tradition and skill of interpretive phenomenology in studying health, illness, and caring practice. In Benner, P. (Eds.), *Interpretive Phenomenology: Embodiment, Caring, and Ethics in Health and Illness* (pp. 99-128). SAGE Publications, Inc.）

ベナー、P．・ルーベル、J．一九九九、『現象学的人間論と看護』（難波卓志、訳）．医学書院．（Benner, P., Wrubel, J. 1989. *The Primacy of Caring: Stress and Coping in Health and Illness*. Addison-Wesley Publishing Company, Inc.）

村上靖彦、二〇二一、『ケアとは何か』中央公論新社．

ラトゥール、B．、二〇一九、『社会的なものを組み直す――アクターネットワーク理論入門』（伊藤嘉高、訳）．法政大学出版局．（Latour, B. 2005, *Reassembling the Social: Introduction to Actor-Network-Theory*. Oxford University Press.）

Aagaard, J. 2017. Introducing postphenomenological research: A brief and selective sketch of phenomenological research methods. *International Journal of Qualitative Studies in Education, 30* : 519-533.

Adams, C. & Thompson, T. 2011. Interviewing objects: Including educational objects as qualitative research participants. *International Journal of Qualitative Studies in Education,* ***24*** : 733-750.

Baron-Cohen, S. 2000. Theory of mind and autism: A fifteen year review. In S. Baron-Cohen, H. Tager-Flusberg, & D. J. Cohen (Eds.), *Understanding other minds: Perspectives from developmental cognitive neuroscience* (2nd ed., : 3-20). Oxford University Press.

Ihde, D. 1998, *Expending Hermeneutics.* Northwestern University Press.

Jaarsma, P., & Welin, S. 2012, Autism as a natural human variation: Reflections on the claims of the neurodiversity movement. *Health care Analysis, 20*(1) : 20-30.

Komeda H, Kosaka H, Saito DN, Mano Y, Jung M, Fujii T, Yanaka HT, Munesue T, Ishitobi M, Sato M, Okazawa H. (2015) Autistic empathy toward autistic others. *Soc Cogn Affect Neurosci. 10*(2) : 145-52.

Rosenberger, R. 2014, Multistability and the agency of mundane artifacts: From speed bumps to subway benches. *Human Studies, 37,* 369-392.

Warwick, P., Mercer, N., Kershner, R., & Staarman, J. K. 2010, In the mind and in the technology: The vicarious presence of the teacher in pupil's learning of science in collaborative group activity at the interactive whiteboard, *Computers& Education, 55* : 350-362.

第9章
エスノメソドロジーとハイデガー現象学

海老田大五朗

I．問題の所在(i)

筆者はこれまで特別支援教育というよりは、障害者雇用や障害者就労支援という領域で研究キャリアを積んできた（たとえば海老田　二〇二〇など）わけだが、こうしたフィールドで観察していて気付かされることの一つに、道具やモノの存在がある。たとえば、海老田（二〇二四）で詳細に記述したことではあるが、障害者の人たちが、いわゆる健常者と同じように、具体的には「あの人が障害者です」と教えてもらわないとわからないくらい、障害のある人びとが普通に働いている場面に遭遇することがある。作業そのものや作業工程などがたいへん複雑な仕事をされていたためである。さらにいえば、障害のある人びとは、いちいち作業ごとに健常者である上司たちの指示を受けているわけではない。今やらなければならない作業はどのような作業で、その作業は次の作業とどのように接続していくのかということを、明らかに理解しているのである。そうした作業場面をよく観察すると、鍵になるのが道具やモノだ。ワークプレイスでは、道具やモノこそが、次にどのような作業や行為をするべきなのかを教示することがある。そう考えると、障害者が直接かかわる特別支援教育や障害者雇用や就労支援において、道具やモノが教示することと、それによってなされる作業や行為をどのように記述すべきかという研究方法論が問われてよいだろう。本章ではこのことを検討する。とりわけエスノメソドロジー研究において見落とされがちな、エスノメソドロジー研究とハイデガー（Heidegger, M.）の関係を検討することで、この問いに回答する。(ii)

そのエスノメソドロジー研究をはじめたガーフィンケル（Garfinkel, H.）のアーカイブ文書の公開などにより、「ガーフィンケルは自分の学生たちにメルロ＝ポンティ（Merleau-Ponty, M.）やハイデガーを勧めていた」ということが明らかになってきている。ただし、メルロ＝ポンティについてはいくつかの論文で引用があるものの、ハイデガーについては直接引用されたものがほとんどない。手がかりになるのは『エスノメソドロジーのプログラム（Ethnomethodology's Program）』に収蔵されているガーフィンケルのエッセイ「教示と教示された行為（Instructions and Instructed Actions）」に出てくる、ハイデガーの名前を冠した二つの造語、「ハイデガーのトリック Heideggerian trick」と「ハイデゲリアントラブルメーカー Heideggerian troublemaker」である。しかしながら、エスノメソドロジーのなかでこうした造語やハイデガーのアイディアがどのように位置づけられるか明確になっているわけではない。そこで本章では、ハイデガーの名前を冠した造語が提出されている「教示と教示された行為」とハイデガーの『存在と時間』を突き合わせることで、エスノメソドロジーのなかでハイデガーのアイディアがどのように位置づけられるかを検討する。

本章で特に注目するのは、ハイデガーの道具存在性の議論と、ハイデガーによる現象学そのものの定式化である。前者の議論は、まさに「教示と教示された行為」と直接的なかかわりがあることを主張しつつ、ハイデガー現象学の例になりうることも示す。後者については、ハイデガーによる現象学の定式化と、ガーフィンケルが違背実験から導こうとしたこととの類似性を示唆する。

そして次の二つのことを提示する。

① ここで述べられている「教示」は、ハイデガーの道具存在性の議論の中で生じる、道具連関における「指示」とそうとう近い概念である。

② エスノメソドロジー研究の少なくとも一部はハイデガー現象学的(iii)である。

こうしたエスノメソドロジー研究とハイデガー現象学的記述の関係を踏まえ、本書でも探究しているような、学びの場での教育における道具存在に注目した学びのデザインについての記述方法を検討する。

Ⅱ.「教示と教示された行為」におけるハイデガーの位置づけ

この章でなされることは、「教示と教示された行為」をガーフィンケルによる、ハイデガーとメルロ＝ポンティを誤読[iv]したエッセイとして読むことである。この場合の誤読とは、「現象学などの諸概念・発想を経験的研究における着眼点として用いることを意味する」（中村 二〇一五：一七九）。この「教示と教示された行為」というエッセイを取り上げる理由は、他にガーフィンケルがハイデガーを取り上げた文献を知らないから、あるいは公開されていないからである。

たとえば、フォン＝レーン（vom Lehn, D.）の（二〇一四＝二〇二四）のガーフィンケル伝には、ハイデガーはまったく登場しない。マイケル・リンチ（Lynch, M.）とオスカー・リンドウォール（Lindwall, O.）（二〇二三）の『Instructed and Instructive Actions』というタイトルの論文集にも、ハイデガーはまったく登場しない。ヘリテッジ（Heritage, J.）のガーフィンケル伝（一九八四）には、少しだけ登場するが、弟子に「ハイデガーとメルロ＝ポンティを誤読しろ！」と言ってたという登場の仕方である。マイケル・リンチ（Lynch, M.）の本（一九九三＝二〇一二）にも、ヘリテッジと同じような取り上げられ方しかしていない。こうした文献への登場の仕方は、その重要性を認めつつもガーフィンケルの弟子たちは、どこかつかみどころのない指導のされ方だったと感じていたのではないだろうか。つまり、ガーフィンケルは、弟子たちにハイデガー現象学とメルロ＝ポンティ現象学を読め、そして自分の研究に活かせという指導をしていたにもかかわらず、その指導は直接的なものではなく、解釈の余地が大きい印象を筆者は受けている。そこで本章では、特に「教示と教示された行為」のなかに見出すことが可能な、ハイデガーの誤読的側面を取り上げる。

III.「教示と教示された行為」の項目と概要

さて、ここでは以下に「教示と教示された行為」の項目と筆者が注目すべきだと考えているポイントを示していく。少々困ったことではあるのだが、「教示と教示された行為」をまともな論文として読むことは難しい。そうではなく、ガーフィンケルによるハイデガーとメルロ＝ポンティの誤読例を示したエッセイとして読むことが求められる。そのように読む（というか読むしかない）理由は二つある。一つ目の理由は、ひじょうにシンプルで「教示と教示された行為」が、序論で問いを提示して、論証を通して、結論でその問いに応えるというような、論文の体裁をとっていないためである。二つ目は、ガーフィンケル自身が「教示と教示された行為について、ゆるく語りたいと思う」と述べていることからもわかるように、その執筆態度は何かを論証しようというものではなく、教示と教示された行為についてのアイディアを述べようとするものである。このような紹介をすると、筆者は「教示と教示された行為」の学術的意義を軽くみていると思われるかもしれないが、事態は全く逆である。

ガーフィンケルの弟子たちや、おそらくガーフィンケル自身も精確に言語化することが難しかったと思われるハイデガーの誤読を筆者が試みるという、本章は野心的な論考なのである。「教示と教示された行為」の項目と注目すべきポイントを左記のようにまとめる。

「教示と教示された行為」の項目要約と注目すべきポイント(v)

『エスノメソドロジーのプログラム』
第二部　教示された行為（Instructed Actions）
六、教示と教示された行為

Ⅰ　（はじめに）
・教示と教示された行為について、ゆるく語りたいと思う。
Ⅱ　顕在的な設定：用語の家族（的類似）
・定義から始めることの拒絶を説明することから始める。その代わりに、私は用語の家族（的類似）を語る recite
・ハイデガーのトリック Heideggerian trick を行う
↓（筆者注：専門用語化を狙っているのではなく、ハイデガーの探究方法を踏襲することの宣言、あるいはハイデガーの議論を下敷きにしていることを跡付けている。）

・ハイデガーは形而上学の講座を始めたとき、次のように言うはずだった。形而上学の定義から始める代わりに、あるいは「形而上学とは何か」と問う代わりに、あるいは形而上学について話すことから始めるのではなく、形而上学的な質問をすることで、形而上学の真っ只中に身を置くことになるのだ。（Garfinkel, 2002：199　強調は原著者）

・教示と類似性を持つものとは、規範、指示、標準化、法律、命令、注文、規則、基準、計画、プログラム、予算、地図、マニュアルなど（Garfinkel, 2002：199　強調は引用者）

・対照的に、〈教示に従うこと following instructions〉：

「教示」が、それに従わなければならない場面でどのように見えるかを考えずに（「教示」として）読むことができる一方で、「教示」はまた、それに従うことで、異なる意味や生き生きとした意味を持つようになるという設定の中に埋め込まれうるという考え方である。

↓（筆者注：教示を教示として自覚しなくても教示として受け取ることが可能であり、また、教示に従うことで、あるいは教示されたものとは異なる受け取り方をすることで、教示されたものとは異なる意味や生きられた意味をもつようになる。）

II－1．教示の書かれた内容 page の特性

II－2．生きた in vivo 現象に埋めこまれたものとしての相互反映性 reflexivity

II－3．客観的な表現VS機会に即したOccasioned表現

・私が探究しているのは、明快さ、一貫性、経験的に真であるものと正しさ、あるいは、一般的に言えば、これらの教示の論理、意味、理性、秩序、方法のトピックのいずれかに関するものなのだろう。私が探究しているのは、個々のケースを決定可能なものにするための一般的な方法なのだろう。個々のケースとして数えられるあらゆるものに適応可能な妥当性についてだ。

(Garfinkel, 2002：204)

II－4．［教示］の生きたin vivo特性

III　エスノメソドロジー研究のトピックとしての［教示］

III－1．逆さ眼鏡Inverting Lenses

III－2．逆さ眼鏡でチェスをする

・ハイデゲリアントラブルメーカーHeideggerian troublemaker：身体を通じての馴染み、たとえば技術の馴染みによる透明さembodiedly transparent in their familiarityにつうじる実践を、再び検証可能なものにするもの

↓（筆者注：こちらも用語化を狙っているのではなく、ハイデガーの探究方法の踏襲をすることの宣言、あるいはハイデガーの議論を下敷きにしていることを跡付けている。こちらはこの用語の意味するところがはっきりしている。すでに世界に馴染んでしまって透明化している実践を、ある種のトラ

ブルをもとにして検証可能にするもの＝ハイデゲリアントラブルメーカー Heideggerian trouble-maker ということが含意されている。）

Ⅳ 視力障害という先鋭化された設定

Ⅳ-1．ヘレンの台所

・スパゲッティを手に取るために、対称的なリーチを確保するために自分自身を配置し、届いた手は考えることなしに直接材料に届く。その場所は、前面やサイドに到達可能な距離で配置される。最初にとる鍋と袋を棚からとれるようにする。ヘレンの左にスパゲッティがあり、スパゲッティのスティックをつかみ、持ち上げ、鍋の中でスパゲッティのスティックを折った後に、鍋を蛇口の下へ簡単に運べるように配置されている。そして、これは「普通に考えることなしに」ふだと連続的なつながりだけで、視認せずになされる。

Ⅳ-2．晴眼者へのインストラクターとしての視覚障害者（Sherry）

・「私の台所にだれも立ち入ることを望んでいません。私の台所に立ち入らないでください。」（←筆者注：実は晴眼者にとっても同じことが言えるということがポイントだと思われる。つまり視覚障害者であろうと晴眼者であろうと、台所に入られてモノや道具が置いてある配置とは異なる場所へ配置されると、だれでも混乱が生じうる。ただし、視覚障害者の言葉を引用することで、この言明の特異さは際立つかもしれない。）

・彼女が仕事をしなければならない場所に入ってきた晴眼者は、物を移動させ、彼女にサービスを提供することで彼女を助けるかもしれない。しかしながら彼女は熟練して身体化され、普段は何も考えていなくても仕事ができる。

Ⅳ-3．コーヒーマシン

Ⅴ　私たちはそれを再び行うことができます：詳細の達成可能な親しみやすさとして教示に従うこと

＊ところでこのエッセイには「教示」がどこから登場したのか説明がない。

2．ハイデガーによる現象学の定式化

(1) ハイデガーの方法論：翻訳的エポケーによる現象学の再定式化

ハイデガーのトリック Heideggerian trick が専門用語化を狙っているのではなく、ハイデガーの探究方法を踏襲することの宣言、あるいはハイデガーの議論を下敷きにしていることを跡付けているのだとすれば、これはハイデガーの探究方法の踏襲をすることの宣言と捉えてもよいだろう。つまり、ハイデガートリックという用語は、「ハイデガーの方法論とは？」「ハイデガーの方法論によってどの

ようなことが明らかになるのか?」という問いを導く。そこでここでは、ハイデガーの方法論によって明らかにされる例としての「現象学」というものを考えてみたい。ここでハイデガーの現象学そのものの分析を検討することは、本論にとって二つの利点がある。一つは「ここでハイデガーの方法論」の具体例をなぞることで「ハイデガーの方法論」、ガーフィンケル流にいえば「ハイデガーのトリック」(定義から始めることの拒絶を説明することから始め、その代わりに、用語の家族(的類似)を語る)というものが何をするのかということが明らかになる。もう一つは、ハイデガーが現象学をどのような学問であると考えているかがわかる。

『存在と時間』第七節で、ハイデガーは翻訳的エポケーによって「現象学」そのものの分析と定式化から始めている。したがってここでは、『存在と時間』の第七節について詳説する。ここでのハイデガーの方法論に別名を与えるならば、それは「翻訳的エポケー」ということになるだろう。「翻訳的エポケー」は、ギリシャ語→ラテン語→ドイツ語という過程を経た哲学用語をいったん棚上げし、本来のギリシャ語として立ち現れるものとして哲学用語を再分析することである(池田 二〇一二)。

では、翻訳的エポケーはどのような目的で使用される方法論なのか。ハイデガー研究者の池田は次のように述べている。

それはハイデガーが、現代の私たちが慣れ親しんでいる既成の哲学的概念をそのまま用いることを控えさせ、その概念で問題になっている事柄を根底から問い直させるためである。その際の仕掛けをよく見てみると、ハイデガーは独自のジャーゴンを創作したというよりも、古典語をドイツ語訳することで概念を獲得するという（むしろ恣意性を限定しようとする）側面が際立ってくる。これは古典語をその語のかたちに従って訳し直すことで、現代の私たちに異物感のあるままに提示する方法だ。翻訳による概念の獲得は、自明視された既成概念を括弧に入れ、その意味を宙づりにして問いうるものにする翻訳論的エポケーの方法に関係しており、また、この方法の背景には、意味は解釈学的状況の内でのみ問われうるという解釈学の伝統から汲み取った問題意識がある。

さらに、翻訳ではなくドイツ語の日常語を用いている場合も、ハイデガーは、既成の哲学的概念を、多様な記述へと開き、その意味をあらためて問いうるものにする形式的告知の方法を導入し、『存在と時間』の各所で活用している。（池田　二〇二一：一〇四―五）

さて、『存在と時間』第七節「根本的探究の現象学的方法」の構成は、第七節の序文にあたるものが五段落あって、「A　現象という概念」「B　ロゴスという概念」「C　現象学の予備概念」で構成されている。

『存在と時間』第七節　根本的探究の現象学的方法　概要

序文

・存在するものから存在を浮かび上がらせ存在それ自体を解明するのが存在論の課題

・「現象学」という表現は第一次的には一つの方法概念を意味する。それは、哲学的研究の諸対象が事象を含んでいるものとして何であるかを性格づけるのではなく、その哲学的研究がいかにあるかを性格づける。或る方法概念がその効果をいっそう本格的にあらわし、或る学の原則的な筆法をいっそう包括的に規定すればするほど、その方法概念は、事象自身との対決のうちにますます根源的に根づくようになり、その方法概念は、われわれが技術的操法と名づけるもの、そしてそうした技術的操法は、理論的な諸専門分野のうちにも多数あるのだが、そうしたものからはますます隔たってゆくのである。（Heidegger, 1927=2003：70-71　強調は原著者）

・「現象学」という名称は一つの格率は「事象そのものへ！」というように定式化されることができる——つまり、すべての宙に浮いた構成や偶然的な発見とは反対に、外見上証示されたかにみえるにすぎない概念の踏襲とは反対に、しばしば幾世代をつうじて「問題」として誇示される見せかけの問いとは反対に、事象そのものへと向かうことを言っている。（Heidegger, 1927=2003：71　強調は引用者）

「A　現象という概念」

・「現象」という表現の意義として堅持されなければならないのは、おのれをおのれ自身に即して示すもの、つまり、あらわなものということである。（Heidegger, 1927=2003：73　強調は引用者）

「B　ロゴスという概念」

・ロゴスの根本的な意味合いは語り

・語りとしてのロゴスは「明らかにする」

　・何かあるものを見えるようにする（現出させる）

　・なにがしかについて語るというとき、語っている当人自身に見えるようにする

・なにがしかについて語るというとき、互いに語り合っている者たちに見えるようにする

・真（アレーテイア）とは「一致」という取ってつけた作為的な真実概念に囚われるな！

・真とは「隠れから引き出し、隠れなきものとして見えるようにする」

　・覆いを剥いで発見すること

「C　現象学の予備概念」

・現象学とは、「姿を見せるままに、それ自身から見えるようにする」の謂れ。

↓「事象そのものへ（事柄それ自身へ）」
・存在論は、現象学としてのみ可能である。（Heidegger, 1927=2013：51　強調は原著者）

（2）「事象そのものへ」をめぐるフッサールとハイデガーの違い（『ハイデガー事典』参照）

現象学を定式化するとき、フッサールへの言及がほとんどないのは不自然に思われるかもしれない。ここでは「事象そのものへ」という掛け声への期待に対する、フッサールとハイデガーの違いについて、簡単に触れ、そのことによってフッサール現象学とハイデガー現象学の異同を際立たせたいハイデガーフォーラムが編纂した『ハイデガー事典』によれば、フッサールによる「事象そのものへ an die Sachen selbst」は『論理学研究』第二巻の序論に登場する。この掛け声の意味するところは、「意識対象と意識作用との相関性をしっかりと捉えながら、対象が明証的に与えられる直観作用に注目し、それを分析することが、〈事象そのもの〉へ立ち帰ること」となる。

他方で、ハイデガーによる「事象そのものへ Zu den Sachen selbst!」は、ここで検討している『存在と時間』第七節に登場する。そしてここで確認した通り、「現象学は、おのれを示す当のものを、そのものがおのれをおのれ自身のほうから示すとおりに、おのれ自身のほうから見させるということにほかならない」＝「事象そのものへ」となる。そして、「その事象内容から解すれば現象学は存在者の存在についての学―存在論である」となり、「存在論は、現象学としてのみ可能である」というハイデガー自身の強い主張が導かれる。

（３）ハイデガー現象学と道具存在性

次にここで試みたいのは、このハイデガー現象学とハイデゲリアントラブルメーカー Heideggerian troublemaker（身体を通じての馴染み、たとえば技術の馴染みによる透明さにつうじる実践を、再び検証可能なものにするもの）の関係を分析することである。

まず、道具存在性とはなにか。道具は手に馴染めば手に馴染むほど透明化してしまう。では、いわゆる「透明な道具」をどのように分析するのか。言うまでもなく、道具が透明なままでは分析が難しい（透けて見えないから）。つまり、道具存在の分析がハイデガー現象学（「姿を見せるままに、それ自身から見えるようにする」こと）のわかりやすい例の一つであるように思われる。ちなみに有名な話ではあるが、この「道具存在性」の日本語訳は「手許に在る」と訳されることもある。この『存在と時間』の日本語訳を二つ並置する。

ハンマーでもって打つことは、ただたんにハンマーの道具性格に通暁している一つの知識をもっていることではなく、それ以上適切には可能でないようにこの道具を我がものにしたということなのである。そうした使用しつつある交渉においては配慮的な気遣いは、そのときどきの道具にとって構成的な手段性に服従している。ハンマーという事物がたんにぼーっと見られているだけであることが少なければ少ないほど、つまり活発に使用されればされるほど、この事物へと態度をとる関係はますます根源的となり、この事物は、この事物がそれである当のものとして、つまり道具として、ますます赤裸々に出会われる。ハンマーでもって打つこと自身が、ハンマーに独特の「手ごろさ」を暴露するのである。道具がおのれ自身のほうからおのれをそのうちであらわにする道具のそうした存在様式を、われわれは道具的存在性 Zuhandenheit と名づける。(『存在と時間』一五節 原・渡邊訳 強調は原著者)

金づちで何かを打つという働きは、とりあえず金づちの道具性格についてだけは承知しているというのとは違って、これ以上ふさわしい使い道はほかにないというぐらいにこの道具の扱いを身につけているのである。道具を用いながらそれと付きあう際に、配慮は、それぞれの道具の構成要素である「何々するために」に従う。金づちについても、それを一つの物としてただじっと眺めているのでなく、手際よく使えるようになると、それとの関わりは次第に根源的となり、それも道具としての本領をいよいよ鮮烈に発揮しながら立ち現われてくる。何かを打つということそのものが、金づち固有の「手ごろさ」を発見するのである。道具がそれ自身からその本領を現わしてくるといった道具の在りようを、私たちは手許に在る Zuhandenheit と呼ぶ。(『存在と時間』一五節 高田訳 強調は原著者)

この日本語訳を二つ並べてみると、日本語として意味が通じやすいのは高田訳の方であろう。実際、高田訳は後発の翻訳であり、その点では原・渡邊訳よりも意味の通じやすい日本語にするということでは有利な立場にある。ただし、肝心の「Zuhandenheit」は原・渡邊訳の「道具的存在性」の方が日本国内ではより広く共有されているように思われる。しかしながら、ハイデガーの翻訳的エポケーという方法論の趣旨（古典語をその語のかたちに従って訳し直すことで、現代の私たちに異物感のあるままに提示する方法）からいえば、高田訳の方がハイデガーの方法論に忠実と言えるかもしれない。

また、コイファーとチェメロによれば、「ハンマーはひとつの道具であり、ハンマーにハンマーとして出会うとは、ハンマーを使うこと、ハンマーに実践的に関与していることを意味する。そうした実践的関与は反省を必要とせず、通常はその反対のものを必要とする。私たちがこれ以上なく本当にハンマーを打つことに関与しているのは、自分の実践的関与がどのようにして道具の意味を引き出しているかを考えていないときなのである」（コイファー&チェメロ　二〇一五＝二〇一八：五七　強調は引用者）。

（4）世界内存在と道具存在性

ハイデガーの道具存在性を理解する上で、もう一つ確認しておきたいのがハイデガーのいう「世界内存在」との関係である。ハイデガー研究者である高井によれば、「世界的存在」とは「世界の内にあること」（高井　二〇二二：六五）である。ただし、「世界内存在」の「内」はinという意味ではなく、「馴染んでいる」という意味である。つまり、世界の内にあるもの＝日常生活における行為に深いかかわりをもつ存在者たち＝手許のものZuhandenesという等式が成立する。あるいは、手許のものは初めから「手に馴染んでいる」＝行為者の行為に適合的なもの＝それ自体ですでに意味を持って存在しているという等式に言い換えてもよい。「手許」という概念を採用することで逆にハイデガーが退けたいのは物理的な対象を主観が認識し、場合によっては後から人間が価値づけを行うというような発想である。簡略化していえば、モノ（客観）とそれを使用する人間（主観）という図式である。

手許のものの代表例が道具である。私たちの行為にかかわる存在者たち（手許のもの）のありようを理解するにあたって、道具に注目することが有効だとハイデガーは考えている。透明な道具も、その使用を見ることで観察可能になる。しかも道具そのものも観察可能であり、おのれ（道具）をおのれ（道具）自身に即して示すもの（現象という概念）、何かあるもの（透明な道具）を見えるようにする（現出させる）（ロゴスという概念）ということになる。「姿（道具）を見せるままに、それ（道具）自身から見えるようにする」道具存在の分析がハイデガー現象学の定式化と符合するのがよくわかるのではないだろうか。

Ⅳ．ハイデガーの現象学とガーフィンケルの違背実験

ここまで読んでハイデガー現象学を理解できたならば、エスノメソドロジー研究者であれば、「ガーフィンケルが違背実験で成し遂げたことは、ハイデガー現象学とかなり近い位置にあるのではないか？」という疑問が思い浮かぶのではないだろうか。ガーフィンケルの「信頼」論文（一九六三）について、浜は「『信頼』論文においては、相互行為の秩序にトラブルを引き起こし、安定した相互行為を可能にしている条件を可視化するために違背実験をおこなう。そしてそのようにして可視化された条件こそ『信頼』である」（浜　二〇二三：六八）と評価している。

ここでエスノメソドロジー研究になじみのない人のために、期待破棄実験とも呼ばれるガーフィンケルの違背実験について述べておこう。

ガーフィンケルが示したのは、たとえばあなたと私がトランプをしていたとすると、私たちはあらかじめ共通に受け入れているゲームのルールをよく理解していたということである。私がゲームをしていた部屋から離れるならば、そのルールは私が戻るまで単に中断されているのであり、私たちはまだ信頼の関係にある。しかし、私が挑発的な方法でルールを破棄したら、─そして私にそれができるのは信頼の背景を実験するためであるが─私は、それなしでは社会関係が持続的

に維持できないアプリオリな信頼が必要であることを暴露するスキャンダルを起こすことになる。このスキャンダルは、ゲームのルールを破棄することにあったのではなく、信頼に対する侵害にあったのである。この信頼が、決められたルールをもったゲームの、基本的ではあるが通常は隠された条件なのである。（アラン・クロン　一九九五＝一九九六：一一四―一一五）

アラン・クロンの説明[vi]からも明らかなように、透明な（隠された）信頼は、挑発的な方法でルールを破棄することで観察可能となる。しかも透明な（隠された）信頼なので、おのれ（信頼）をおのれ（信頼）自身に即して示すもの（現象という概念）、何かあるもの（信頼）を見えるようにする（現出させる）（ロゴスという概念）ということになる。「姿（道具）を見せるままに、それ（道具）自身から見えるようにする」ガーフィンケルの違背実験が、ハイデガー現象学の定式化と符合するのは明らかだ。

V．小　括

1．『存在と時間』の有名な一節と踏み込んだ主張1

厳密に考えれば一つの道具は「存在」しない。道具の存在には、それぞれ常にある道具の全体が属している。その道具の全体において、この道具はそれがそれであるものであることができるのである。道具は本質的に、「～のための或るもの」である。「～のため」の様々な諸様式、たとえば役に立つこと、寄与しうること、利用可能であること、手ごろであることなどが、ある道具が全体であることを形作っているのである。「～のために」という構造の内には、或るものから或るものへの何らかの指示が含まれている。（Heidegger, 1927=2003：177　強調は原著者）

ハイデガーが述べるように、道具は一つでは存在しない。道具たちの「ネットワーク」の中に、一つひとつの道具は存在する。そして道具は、ハイデガーのいう「指示」：「～のために」、「～として役立つために」という意味を含む。つまり、道具（手許のもの）は指示連関の内にある。私たちが誰であれ、あることができるようになるそのプロセスは、配視できなかったもの（見えなかったもの）が配視できるようになる（見えるようになる）」プロセスとして理解可能だ。これはシンプルな結論だが経験的にはよくわかる。看護研究（たとえばベナーとルーベル（Benner, P. E. & Wrubel, J. 1989=1999）の研究など）で熟達看護師と素人看護師の違いを述べるときに、ハイデガーが引用されるのがよくわかる。

ちなみに、この「指示 Verweisung」は『存在と時間』英訳版（『Being and Time』）だと assignment or reference と訳されており、訳注がつけられている。その訳注によれば、ドイツ語 Verweisung と同じ意味の英単語として近いものはない。この語の根源的な意味は、あるものの「参照」「コミット」「遠ざけ」「割り当て」をともなうように、ある方向へあるものを向ける、ある方を指すということ（強調は引用者）である。つまり、「ガーフィンケルの「教示」はハイデガーの道具連関における「指示」とかなり類似しているではないか？」という問いを示すことが、本章の結論の一つである。

2. 踏み込んだ主張その2

池田は、「なぜハンマーと釘の分析が存在論になるのか」（池田　二〇二一：一六五―六）という問いを立て、次のように回答している。

なぜハンマーと釘の分析が存在論なのか。ハイデガーはハンマーで釘を打って家を建てる行為を、環境世界において道具を配慮的に気遣う（使用し制作する）活動の典型として分析しているが、それによって、存在論的概念としての「世界」への接近通路が開かれた。道具はそれを分析してみると、自然的側面と公共的側面をもつことがわかり、さらには現存在の歴史性への視界を開くものである。自然、歴史、社会などの特定の領域に関わる個別的学問と異なり、存在論は特定の領域の存在者ではなく存在者が存在すること一般を扱うものだが、何かが道具的に存在する仕方の分析は、学問分野による世界の分断を超えて、存在者が存在する場としての世界に視点を定めることを可能にする。さらに、ハンマーと釘で家を建てる行為の分析は、現存在にふさわしくない存在者についてのカテゴリー（道具的存在性）の獲得という存在論的課題を果たすものであり、同時に、共同存在や歴史性のような現存在の実存カテゴリーの彫琢にも寄与している。より焦点を絞って言えば、道具的存在性のカテゴリーによって、存在者が「それ自体 an sich」で存在する仕方としての「実在」の概念を豊かにする、という（ハーマンが際立たせた）点も、釘とハンマーの分析の存在論的課題への関与として注目できる。

こうしたハイデガー研究者の分析を踏まえれば、エスノメソドロジー研究の少なくともその一部はハイデガー現象学的である。そしておそらく、「教示と教示された行為」でガーフィンケルが示したかったことも、このようなことだったのだろう。

そして、本書に引き付けていえば、ハイデガー現象学的記述、あるいはエスノグラフィ研究における社会学的記述[vii]を導入することで「学びのデザインが明らかになる」と結論したい。特に「道具」や「モノ」や「メディア」といった人間中心主義的研究では見逃されてきたような対象も記述できるはずである。

注

（ⅰ）本章は二〇二三年一一月二五日のエスノメソドロジー・会話分析研究会秋の大会報告資料に大幅な加筆修正をしたものである。

（ⅱ）この論点で最も重要な日本語文献は、山田（二〇二〇）『生きられた経験の社会学』である。山田は、エスノメソドロジーの創始者であるガーフィンケルのハイデガー解釈を手がかりに、人びとの方法を歴史的文脈に埋め込まれた「生きられた経験」として読み直すことによって、「人びとの方法の歴史」と「概念分析の社会学」とに結びつけることを試みている。より詳細には、山田はハイデガー解釈を、フィールドワークの自己反省の限界へと導くような手がかりとして位置づけている。本章で成し遂げたいことはもっとシンプルで、ガーフィンケルがハイデガーから受け取ったアイディアをどのようなものとして捉えたか、より具体的には「教示と教示された行為」というアイディアは、ハイデガー現象学と近似なものではないかということを明らかにすることだ。海外の文献で重要なのはマッコール（McHoul, A. 1998）の議論であろう。マッコールは、オクレント（Okrent, M. 1988）の議論に同調し、エスノメソドロジー研究では、ハイデガーの道具存在の分析を道具使用実践の記述に応用可能であることを示唆した。

（ⅲ）そして、ハイデガーが述べるように「存在論は、現象学としてのみ可能である」ならば、エスノメソドロジー研究の社会学的記述は存在論的記述として読むことも可能なのではないだろうか。

（ⅳ）エスノメソドロジー的な現象学の誤読については、オニール（O'Neill, J. 1980）、秋谷（二〇二一）を参照のこと。このオニールの文献は、ガーフィンケルの指導に対して正面から回答を試みている貴重な文献だといえる。ただしオニールは、メルロ＝ポンティの誤読については応答を試みているが、ハイデガーの誤読は回避している。

（ⅴ）枠内の節の数字は引用者による整理であり、原著にはない。

（vi）ただしアラン・クロンは「隠された」と述べている（あるいは翻訳されている）が、実際には隠れているものではないことには注意が必要だ。「隠された」と記述してしまうと、不要な不可知論を招き入れてしまう。隠されたものを明らかにするというよりも、観察可能で理解可能なものを記述するのがエスノメソドロジー研究である。

（vii）社会学的記述についてはサックス（一九六三＝二〇一三）、前田（二〇一五）、海老田（二〇一八）などを参照のこと。

参考文献

秋谷直矩、二〇二二、「ガーフィンケルによるグールヴィッチの『意図的な誤読』とはいかなる実践か」第九五回日本社会学会大会配布資料.
池田喬、二〇二一、『ハイデガー『存在と時間』を解き明かす』ＮＨＫ出版
海老田大五朗、二〇一八、『柔道整復の社会学的記述』勁草書房.
海老田大五朗、二〇二〇、『デザインから考える障害者福祉』ラグーナ出版.
海老田大五朗、二〇二四、「試験表に書かれた数字の並びと道具の選択：障害概念をキャンセルするモノの連関」『保健医療社会学論集』三五（二）：四七―五六.
高井ゆと里、二〇二二、『極限の思想 ハイデガー 世界内存在を生きる』講談社.
中村和生、二〇一五、「インスクリプションと訳解定理：アクターネットワーク理論を超えて」『ポスト分析的エスノメソドロジーの展望と展開：科学実践の理解可能性の探究』博士論文（明治学院大学）.
ハイデガー・フォーラム編、二〇二一、『ハイデガー事典』昭和堂.
浜日出夫、二〇二三、「解題『安定した協同行為の条件としての「信頼」の概念、およびそれにかかわる実

験』」『エスノメソドロジー・会話分析ハンドブック』（山崎敬一他編）新曜社．

前田泰樹、二〇一五、「『社会学的記述』再考」『一橋社会学』七（別冊）：三九―六〇．

山田富秋、二〇二〇、『生きられた経験の社会学』せりか書房．

Benner, P. E. & Wrubel, J. 1989, *The Primacy of Caring: Stress and Coping in Health and Sickness*. Addison-Wesley Publishing Company.（＝一九九九、難波卓志訳『現象学的人間論と看護』医学書院．）
Coulon, A. 1993, *L'ethnométhodologie*. Presses Universitaires de France.（＝一九九六、山田富秋・水川喜文訳『入門エスノメソドロジー』せりか書房．）
Kaufer, S. & Chemero, A., 2015, *Phenomenology: An Introduction*, Polity Press.（＝二〇一八、田中彰吾・宮原克典訳『現象学入門：新しい心の科学と哲学のために』勁草書房．）
Garfinkel, H. 1996, Ethnomethodology's Program. *Social Psychology Quarterly*, 55(1): 5-21.
Garfinkel, H. 2002, *Ethnomethodology's Program*. Rowman & Littlefield.
Heidegger, M. 1927, *Sein und Zeit*. Max Niemeyer Verlag.（＝二〇一三、原佑・渡邊二郎訳『存在と時間』中央公論新社、二〇〇三／高田珠樹（訳）『存在と時間』作品社．）
Heidegger, M. 1962, *Being and Time*. Trans. J. Macquarrie and E. Robinson. Oxford: Blackwell.
Heritage, J. 1984, *Garfinkel and Ethnomethodology*: Social & Political Theory. Polity Press.
vom Lehn, D. 2014, *Harold Garfinkel: The Creation and Development of Ethnomethodology*. Routledge.（＝二〇二四、荒野侑甫・秋谷直矩・河村裕樹・松永伸太朗訳『ハロルド・ガーフィンケル：エスノメソドロジーの誕生と社会学のあゆみ』新曜社．）
McHoul, A. 1998, How can ethnomethodology be Heideggerian? Human Studies: *A Journal for Philosophy*

and the Social Sciences, 21(1) : 13–26.
Okrent, M. 1988, *Heidegger's Pragmatism: Understanding, Being, and the Critique of Metaphysics*. Ithaca: Cornell University Press.
O'Neill, J. 1980, From Phenomenology to Ethnomethodology: Some Radical Misreadings. *Current Perspectives in Sociological Theory*, 1 : 7–20.
Lynch, M. 1993, *Scientific Practice and Ordinary Action: Ethnomethodology and Social Studies of Action*. Cambridge: Cambridge University Press.（＝二〇一二、水川喜文・中村和生（監修）『エスノメソドロジーと科学実践の社会学』勁草書房。）
Lynch, M. & Lindwall, O.（eds.), 2023. *Instructed and Instructive Actions: The Situated Production, Reproduction, and Subversion of Social Order*. Routledge.
Sacks, H. 1963. Sociological Description. *Berkeley Journal of Sociology*, vol. 8 : 1–16.（南保輔・海老田大五朗訳、二〇一三、「社会学的記述」『コミュニケーション紀要』二四：八一―九二。）

終章　本書はどのようなつながりのもとで生まれたか

海老田大五朗

Ⅰ．新潟から大阪へ飛ぶ

二〇二三年一一月四、五日に開催された、日本質的心理学会第二〇回大会（立命館大学　大阪いばらきキャンパス開催）では、本書誕生を語るうえで重要な会員シンポジウム「質的研究法を学びほぐす：障害児・者教育の視座から」が開催された。この会員シンポジウムでは本書執筆陣のうち、呉文慧、楠見友輔が登壇して研究報告を行い、横山草介からコメントが述べられるというものであった。筆者は、このシンポジウムの抄録を読み、このシンポジウムを聞くために新潟から大阪まで飛んだのだが、この若手教育学者たちの研究報告にある種の感銘を受けたのである。

本書を締めくくるにあたり、エスノメソドロジー研究が専門である筆者と、執筆者たちとの出会いをこの章で述べようと思う。本書のテーマの一つが、人と人、人とモノ、モノとモノとのつながりによって生まれてくる実践をいかにして記述するかということがある。研究者同士のつながりを述べることは、そのまま本書の特徴、本書が目的とすることから本書で書かれたような研究によって導かれたものの、少なくともそれらの一端を述べることになるのではないかという期待がある。論文集の締めくくりとしてこのようなスタイルの記述はあまりなされないと思うが、本書は少々野心的で冒険的な特徴をもつ本でもあり、この点については、読者のみなさまにはご海容いただきたい。

II. 執筆者たちとの出会い

呉文慧の研究報告を聞いて筆者が真っ先に思ったのは、筆者とほぼ同じようなことを考え、ほぼ同じような研究方法を採用しているということであった。本書でも展開されたとおり、呉の方法論は、現象学およびポスト現象学、そのなかでもハイデガー現象学を軸とするスタンスであった。これまた本書9章でも展開されたとおり、筆者はここ数年、ハイデガーについての勉強をすすめ、特に自分の専門分野であるエスノメソドロジーとハイデガーの関係を明らかにすることを考えた。特に人びとのモノや道具の使用を記述するために、ハイデガー現象学のパースペクティブとエスノメソドロジーの関係を整理することは、間違いなく重要になると確信していたのである（このような構想のもとでの研究成果については、本書以外では海老田　二〇二三、二〇二四などがある）。そして、本書第9章で書いたように、モノや道具が教示する行為とその教示されたことによって導かれる人間の行為を、シークエンシャルに見通しよく取り出すような記述の可能性について考えた。そのようなことを考えていたなかで、呉による報告は、細部においてもちろん違いはあるものの、筆者が考えていた研究スタイルとかなり近いものであった。このときの呉文慧の報告は、本書執筆時点では論文として読むことができるので、詳しくはそちらを参照してほしい（呉　二〇二三、二〇二四a、二〇二四bなど）。

楠見友輔の研究報告を聞いた筆者の楠見に対する第一印象は、「めちゃくちゃ尖った若手教育学者が出てきた」というものであった。これは本章を執筆している時点でも変わらない印象である（というよりむしろこの第一印象が確信に変わっている）。「アンラーニング」や「ニューマテリアリズム」というパースペクティブで教育学を切り拓こうとする姿勢は本当に力強い。そしてこの力強さは相当な勉強量に裏打ちされているのもわかる（楠見　二〇二二、二〇二四）。筆者は教育学者ではないので、楠見友輔の教育学的成果を評価することは難しい。しかしながら障害児教育と現代社会の結びつきを精査し、時には現代社会に潜む障害者を排除する社会・教育システムに憤る姿は、社会学者以上に社会学者的である。ある意味では社会学者でエスノメソドロジー研究者である筆者と少し遠い位置で研究しているようにみえる楠見であるが、実は楠見の博士論文がもとになった著書『子どもの学習を問い直す：社会文化的アプローチによる知的障害特別支援学校の授業研究』のなかで、筆者の論文が引用されているのである。それはこの楠見の本の一〇章「新しい時代の知的障害教育へ」という章、ようはこれからの楠見の研究の発展可能性を示すような章で引用されている。より具体的にいうと、「これまでの知的障害教育が、社会の下位セクターとして位置づけられていたのに対して、知識社会では学習が学校だけでなく社会の中心的概念となっている。学習を文脈に埋め込まれた他者との協働的な活動であると捉え、知的障害のある子どもの知識の創造としての学習そのものを促すことが、知識社会と学校の新たな関係を構築する上で重要であり、知的障害のある子どもの現代社会への参加を可能にする」（楠見　二〇二二：二〇六）研究の一端として拙稿を引用しているのである。「知的障害のある子どもの現代社会への参加を可能にする」研究は他にも数多くある。そのなかでも拙稿を引用した理由は、筆者の記述方法が楠見の記述方法と類似していることもあるのかもしれない。というのも、楠見の論文を読めばわかることだが、楠見は教育理論の研究者であると同時に、授業実践や教具作成についても具体的な記述が豊富になされるスタイルの記述の仕方を採用している。こうした記述のスタイルは現象学やエスノメソドロジーに通じる部分があり、この点に楠見が筆者の研究を引用した理由があるのではないかと思っている。

この会員シンポジウムのメンバーのうち、唯一この会員シンポジウム以前から面識があったのが、横山草介である。横山と筆者の関係は、質的心理学会誌の一つである、『質心フォーラム』十一巻、十二巻の元編集長（横山草介）と元副編集長（海老田）であり、雑誌編集という場で知り合っていた。ただ、これも私の不勉強のためだが、雑誌編集をしていた当時、筆者は横山草介を二〇世紀のアメリカを代表する心理学者のひとり、ジェローム・ブルーナーの研究者（横山 二〇一九）だと認識していたのである。もちろん、この認識は正しいのだが、研究者横山草介の一面しか捉えていない。横山は小学校教諭としての勤務経験があり、また経験的研究者でもある。修士論文ではエスノメソドロジーの学祖であるガーフィンケルの論文を引用しており、筆者とは近いところで研究をしている。横山との対話でとても印象に残っているのが、佐伯胖、上野直樹、川床靖子についての対話である。特に上野と川床は、ある時期頻繁にエスノメソドロジー・会話分析研究会で研究の成果を報告されていた。日本の状況論研究を牽引してきた上野直樹と、日本のエスノメソドロジー・会話分析研究を代表する西阪仰による、インタラクション、人工知能と心についての対談集（上野・西阪 二〇〇〇）は、現在でも、いやAIがいよいよ日常生活に侵食してきた現在こそ読まれるべき本である。横山は川床と直接連絡をとって研究室へ訪問しており、川床から教えを受けている。川床の研究（川床 二〇〇七、二〇一三）については、筆者もなかなか直接引用する機会はないのだが、以前からよく読んでおり、エスノメソドロジー・会話分析研究会での報告を伺ってみたいと思っていた。詳しい経緯については筆者もよくわかっていないのだが、ある時期を境に上野や川床はエスノメソドロジー・会話分析研究会から離れてしまっている。これはおそらく、いわゆる状況論研究とエスノメソドロジー研究の異同がはっきりした（これについては西阪 二〇〇八がくわしい）ためではないかと思う。横山と筆者はこの断絶を残念に思っている点で共通している。もちろん本書は、状況論的研究とエスノメソドロジー研究の関係を問い直すところまでは到達していない。本書がこの二つの立場の関係を問い直す契機になればよいと考えている。

久保田裕斗と松浦加奈子は、『インクルーシブ教育ハンドブック』（二〇一三＝二〇二三）の翻訳にかかわっている若手研究者であり、筆者の友人が筆者に紹介してくれた研究者である。インクルーシブ教育とエスノメソドロジー研究の双方にくわしい久保田と松浦を執筆者として本書執筆陣に招き入れることは、本書のような挑戦的な本を編むうえで、また、ささやかながら若手研究者たちに執筆の機会を提供できるという意味でも、好ましく思えた。

本書において、久保田の論考は、医療機器を装着した医療的ケア児に対するモノや道具を介した学びの実践が記述されている。こうした学習実践の記述を通して、手厚い支援を受ける（だけの）医療的ケア児というステレオタイプは揺さぶられる。モノや道具に注目することで、学習者たちの環境がいかに複雑にデザインされているかがわかる好例だといえる。

松浦の論考は、専門学校におけるキャリアデザイン科の道具を介した学習実践の記述である。こうした学習実践自体が読者にとってはあまりなじみのないものかもしれない。こうした記述を読むことで、いわゆる「グレーゾーン」の生徒たちの学習活動が、どれほど繊細にデザインされているのかが明らかになる。

引地達也との出会いは、新潟にある福祉事業型専攻科ＫＩＮＧＯカレッジでの授業実践の場で、その教授方法などを勉強する研究会であった。本書でも示したように、引地達也はもともと（というかこの原稿執筆時もそうなのだが）福祉事業を活用して教育的な活動をする支援実践者である。特に電子通信システムをフル活用するような遠隔授業に特徴がある支援実践者である。引地達也のキャリアは、毎日新聞社の記者が出発点だ。ジャーナリズムと福祉の現場を経験した引地は、「伝えること」の歴史性を明らかにし、「ケア」という概念から、ソーシャルメディア時代における新たなつながりのかたちを提唱するため、「ケアメディア」という概念を論文では提出している（引地　二〇二〇）。本書を構想するうえで、こうした電子通信システムの活用実践を記述することは本研究主旨に合致すると判断し、本書執筆にお誘いした。引地達也との初めての出会いは三〇年以上前に遡る。これも本書を構想するうえではまったく関係のない話であるが、引地と筆者は中学高校の先輩（引地）と後輩（海老田）の関係でもある。その二人が三〇年以上の時を経て、福祉事業型専攻科の研究会で再会したのである。もっとも、筆者は引地のことをうっすらと覚えてた（引地は生徒会長を務めていた）のに対し、五学年下にあたる海老田は柔道部員の一人にすぎなかったわけで、再会と記述するには認識的に非対称の関係（海老田にとっては再会だが、引地から見ればほぼ初対面）ではある。そんな二人はキリスト教系の中高一貫校に通っていたわけで、それぞれ福祉的な研究を専門としてきたわけでもない二人が福祉事業型専攻科の研究会で再会できたのは、「世の光　知の塩　隣人愛」といった校訓を掲げる学校で育った二人のなかに、その校訓が息づいていたのかもしれない。

なお、基本的に本書は障害・障害者の表記を「障害」「障害者」で統一しているが、引地と海老田によって書かれた4章に限っては、害の字を平仮名にする「障がい」を使用している。「障害」で統一している理由は、序章でも述べた通り、障害の社会モデル的観点による。

障害者たちは、健常者たちにとって都合がよいようにデザインされた社会環境の中で不都合を経験させられている（つまり障害者たちは被害を受けている）。そこで、被害の害を平仮名にしてしまうと、障害者は被害者であるにもかかわらず害を受けていないという認識を広めることになる。したがって、害という漢字は、社会が何らかの困難を経験している当事者に対して害を与えているという自覚を促すために、使用されている。

しかしながら、こうした複雑な事情を理解できない当事者が、自らを名指す言葉に「害」の字を入れられることに抵抗を覚えたとしても、まったく不思議ではない。編者は、こうした複雑な事情を理解できない当事者たちの心証を無視してよいようにも思えない。このような背景から、4章に限っては「障がい」を使用している。

Ⅲ．つながりと触発

研究者同士のつながりとしては、比較的交流期間の短い者同士のつながりではあるが、楠見と久保田は一〇年以上別の研究会で議論してきた仲であったり、横山と呉は佐伯胖門下系譜の研究者としてつながりがあったり、この研究会を組織する前からお互いがお互いの書籍を所持していたりと、お互いの面識の有無にかからず、緩くつながっていたもの同士のつながりでもある。こうした研究者同士が新たな出会い、お互い触発されてこの本は生まれた。この本がさらなる研究者同士の出会いと触発を生み出せれば、それはこの研究書の編者としてこの上ない喜びである。

なお、本書は日本学術振興会科学研究費助成を受けた研究プロジェクト（19K13953：23K25581：20K02109：19H01567：15K17229）と、公益財団法人 上廣倫理財団研究助成によって達成された研究成果の一部である。

参考文献

上野直樹・西阪仰、二〇〇〇、『インタラクション：人工知能と心』大修館書店.

海老田大五朗、二〇二三、「『見守り』を可能にするもの：精神障害者就労継続支援A型施設で使用される『日報』の分析」『保健医療社会学論集』三四(一)：七八―八八.

海老田大五朗、二〇二四、「試験表に書かれた数字の並びと道具の選択：障害概念をキャンセルするモノの連関」『保健医療社会学論集』三五(一)：四七―五六.

引地達也、二〇二〇、『ケアメディア論：孤立化した時代を「つなぐ」志向』ラグーナ出版.

川床靖子、二〇〇七、『学習のエスノグラフィー』春風社.

川床靖子、二〇一三、『空間のエスノグラフィー：文化を横断する』春風社.

楠見友輔、二〇二二、『子どもの学習を問い直す：社会文化的アプローチによる知的障害特別支援学校の授業研究』東京大学出版会.
楠見友輔、二〇二四、『アンラーニング質的研究：表象の危機と生成変化』新曜社.
呉文慧、二〇二三、「教師はどのようにASDのある生徒と社会的相互作用を成立させているのか：授業の『不調』場面に焦点を当てた現象学的探求」『質的心理学研究』二三(一)：七―二四.
呉文慧、二〇二四a、「特別支援学校教師はどのように自閉症のある生徒に関わっているのか：教師の実践知に対する現象学的探求」『臨床実践の現象学』六(一)：一―一六.
呉文慧、二〇二四b、「自閉スペクトラム症のある子どもと関わる特別支援学校教師の現象学：『世界』、『道具』、『気分』に着目して」『現象学と社会科学』七：五一―六八.
西阪仰、二〇〇八、『分散する身体』勁草書房.
横山草介、二〇一九、『ブルーナーの方法』溪水社.
Florian, Lani. (Eds.), 2013. *The SAGE Handbook of Special Education* second edition. Sage Publications.（＝二〇二三、倉石一郎・佐藤貴宣・渋谷亮・濱元伸彦・伊藤駿（監訳）『インクルーシブ教育ハンドブック』北大路書房.）

執筆者（執筆順）

楠見　友輔（くすみ　ゆうすけ）　1章担当
学位　博士（教育学）
現職　信州大学　専任講師
主著　『アンラーニング質的研究：表象の危機と生成変化』（単著）新曜社、二〇二四
『子どもの学習を問い直す：社会文化的アプローチによる知的障害特別支援学校の授業研究』（単著）東京大学出版会、二〇二二

横山　草介（よこやま　そうすけ）　2章担当
学位　博士（学術）
現職　東京都市大学　准教授
主著　『ブルーナーの方法』（単著）溪水社、二〇一九
『教えと学びを考える学習・発達論』（共著）玉川大学出版部、二〇二二

久保田　裕斗（くぼた　ひろと）　3章担当
学位　博士（人間・環境学）
現職　びわこ学院大学　助教
主著　「小学校における『合理的配慮』の構成過程：障害児による『再参入の手続き』を中心に」『教育社会学研究』（単著）、二〇一九
「障害児と健常児による遊びの共同的達成：すごろくゲームを組織する子どものコンピテンス」『子ども社会研究』（共著）、二〇二四

引地　達也（ひきち　たつや）　4章、5章担当
学位　博士（新聞学）
現職　フェリス女学院大学　准教授、みんなの大学校　学長
主著　『ケアメディア論：孤立化した時代を「つなぐ」志向』（単著）ラグーナ出版、二〇二〇
「精神疾患をめぐる新聞メディアの動向をめぐって：精神分裂病から統合失調症の表記変更を中心とした考察」『コミュニケーション研究』（単著）、二〇一九

松浦　加奈子（まつうら　かなこ）　7章担当
学位　博士（社会学）
現職　小田原短期大学　専任講師（二〇二五年四月より埼玉学園大学　准教授）
主著　『教師の責任と教職倫理：経年調査にみる教員文化の変容』（共著）勁草書房、二〇一八
「ディスアビリティ経験における不利益とその回避戦略：健常／障害の自己認識をめぐる親子の語りに着目して」『年報社会学論集』（単著）、二〇二二

呉　文慧（くれ　ぶんけい）　8章担当
学位　博士（学術）
現職　神戸大学大学院人間発達環境学研究科研究員
主著　「自閉スペクトラム症のある子どもと関わる特別支援学校教師の現象学：『世界』、『道具』、『気分』に着目して」『現象学と社会科学』（単著）、二〇二四
「特別支援学校教師はどのように自閉症のある生徒に関わっているのか：教師の実践知に対する現象学的探求」『臨床実践の現象学』（単著）、二〇二四

【編著者紹介】

海老田　大五朗（えびた　だいごろう）

序章、4、5、6、9章、終章担当

学位　博士（文学）

現職　新潟青陵大学　教授

主著　『デザインから考える障害者福祉：ミシンと砂時計』（単著）ラグーナ出版、二〇二〇

『柔道整復の社会学的記述』（単著）勁草書房、二〇一六

障害のある人びとの学びをどのようにデザインするか

◉検印省略

二〇二五年三月一〇日　第一版第一刷発行

編著者　海老田大五朗

発行者　田中千津子

発行所　株式会社　学文社

〒一五三-〇〇六四　東京都目黒区下目黒三-六-一

電話　〇三（三七一五）一五〇一㈹

FAX　〇三（三七一五）二〇一二

印刷　新灯印刷株式会社

乱丁・落丁本は、本社にてお取替致します。

定価はカバーに表示してあります。

ISBN978-4-7620-3426-8